O PURGATÓRIO

UMA REVELAÇÃO PARTICULAR

3ª edição

Tradução
Emérico da Gama

@editoraquadrante
@editoraquadrante
@quadranteeditora
Quadrante

São Paulo
2023

Título original
Regard sur le Purgatoire

Copyright © 2012 Editions Saint-Paul, Paris

Capa
Provazi Design

Dados Internacionais de Catalogação na Publicação (CIP)

O purgatório - uma revelação particular; tradução de Emérico da Gama — 3ª ed. — São Paulo: Quadrante, 2023.

ISBN: 978-85-7465-553-6

1. Purgatório 2. Revelações particulares 3. Devoções 4. Teologia católica - Escatologia I. Título

CDD-242.36

Índice para catálogo sistemático:
1. Escatologia : Devoções 242.36

Todos os direitos reservados a
QUADRANTE EDITORA
Rua Bernardo da Veiga, 47 - Tel.: 3873-2270
CEP 01252-020 - São Paulo - SP
www.quadrante.com.br / atendimento@quadrante.com.br

SUMÁRIO

PREFÁCIO.. 7

APRESENTAÇÃO... 11

NOTA SOBRE AS REVELAÇÕES
    PARTICULARES... 15

Primeira Parte
    TER UM CORAÇÃO DE CRIANÇA............... 19

Segunda Parte
    BEM-AVENTURADOS OS CORAÇÕES
    PUROS, PORQUE VERÃO A DEUS 45

Terceira Parte
    ESTAVA PRESO E VÓS ME VISITASTES.... 143

APÊNDICE
NOTA TEOLÓGICA SOBRE
O PURGATÓRIO 165

COMISSÃO TEOLÓGICA INTERNACIONAL
SOBRE ALGUMAS QUESTÕES ATUAIS
DE ESCATOLOGIA (1990) 173

BIBLIOGRAFIA 181

CONGREGAÇÃO PARA A DOUTRINA
DA FÉ: NORMAS PARA PROCEDER NO
DISCERNIMENTO DE PRESUMÍVEIS
APARIÇÕES E REVELAÇÕES 185

*"Filho, põe o Céu na tua alma,
o Purgatório no teu coração
e a terra nas tuas mãos...
Isto é: que o Céu seja o objeto
privilegiado da tua contemplação,
que o Purgatório seja o objeto da tua
oração, que a terra seja o lugar em que
te santificarás pelas tuas obras e pelo
cumprimento dos teus deveres".*

PREFÁCIO

Meditar no mistério do Purgatório à luz dos ensinamentos da Igreja é fonte de grande proveito espiritual para o cristão. Dá-lhe um sentido mais profundo da Santidade de Deus, bem como uma altíssima ideia da sua vocação, que não suporta nem tibieza, nem acomodações, nem covardes compromissos com o mundo. Ensina-lhe a pureza do amor e torna mais intenso o seu desejo de ver a Deus. Enfim, dilata a sua caridade, impelindo-o a trabalhar por aqueles que Santa Verônica Giuliani chamava com compaixão as "almas esquecidas".

Com efeito, não têm elas direito a uma solicitude particular à vista da sua pobreza e do seu sofrimento? Não nos leva a caridade fraterna — que Jesus louvou com tanta insistência na parábola do Bom Samaritano — a um dever premente de apressar a libertação dessas almas pela oração e pelo oferecimento de boas obras? Santa Teresa do Menino Jesus estava convencida disso e nunca deixava de recitar todas as noites por essa intenção seis Pai-Nossos e seis Ave-Marias. E foram numerosos os santos e santas que ao longo dos tempos se sentiram chamados a orar especialmente pelas almas do Purgatório. Está na memória de todos o *Tratado do Purgatório*, o livro em que Santa Catarina de Gênova (1447-1510) resumiu admiravelmente uma experiência mística na qual teve conhecimento, no mais profundo do seu coração, dos sofrimentos por que passam as almas nesse lugar de purificação.

A fim de encorajar os fiéis a rezar pelas almas do Purgatório, pareceu oportuno publicar estas páginas cujo autor, a pedido do seu diretor espiritual, deseja manter-se no anonimato. As revelações particulares não acrescentam nada à única Revelação de Jesus Cristo, guardada e transmitida fielmente pela Igreja. Por isso, deve-se verificar a conformidade dessas revelações com o ensinamento do Magistério. Convém recordar também que a aprovação eclesiástica, mesmo quando concedida, não garante a origem sobrenatural do que é publicado. É ainda importante sublinhar que as revelações privadas não se destinam a satisfazer uma vã curiosidade nem a dizer a última palavra sobre os problemas discutidos pelos teólogos. O leitor desta obra é, portanto, livre de ajuizar sobre ela como lhe parecer.

Da minha parte, desejo que este relato, para além da sua forma particular, reavive a devoção pelas almas do Purgatório e fomente reflexões salutares. Com Santa Catarina de Gênova, é bom dizer:

> "Ó Bem infinito, como é possível que não sejas amado e conhecido pelo que se faz para Te conhecer e fruir de Ti? Por pouco sentimento e gosto que Deus, pela sua graça, dê

a experimentar, o homem já desde esta vida deveria, para o possuir, deixar todas as outras coisas".

Diálogos III

Henri Brincard
Bispo de Puy em Velay.

APRESENTAÇÃO

O leitor ficará certamente impressionado com a densidade, a clareza e a sobriedade desta relação sobre o Purgatório, que tem como uma das características principais ressaltar o aspecto luminoso deste mistério. E neste sentido, mostra-se particularmente feliz, porque, em frase do Cardeal Journet, "da reflexão sobre o Purgatório podemos tirar mais consolação que apreensão".

O Purgatório é um dom do Coração chagado do Cordeiro, em que a Misericórdia envolve a Justiça; meditar nele deve ser fonte de ação de graças e de louvor: não é por temor servil que devemos querer deixar de passar por ele, mas "para dar gosto a Deus" (Santa Teresa do Menino Jesus).

Algumas observações sobre estas páginas. Para que ofereçam ensinamentos proveitosos a todos, foi suprimido, com a concordância de teólogos prudentes, tudo o que corria o risco de desviar o olhar do essencial: deixaram-se de lado as passagens relativas à vida pessoal do autor e retificaram-se algumas incorreções e impropriedades de estilo.

Para facilitar a compreensão do texto, o livro foi dividido em três partes: na primeira, agrupou-se tudo o que diz respeito à finalidade das revelações particulares e à maneira de tirar proveito delas. Na segunda, reuniram-se numa ordem sistemática os ensinamentos de caráter mais doutrinal, que formam de certo modo um tratado sobre o Purgatório.

A última parte está dedicada a algumas manifestações das almas do Purgatório. A ordem seguida não respeita estritamente a sucessão cronológica da relação, na medida em que se viu às vezes conveniente agrupar certas comunicações em torno de um mesmo tema[1].

Dada a profundidade do texto que ora publicamos, foi indispensável acrescentar-lhe notas a fim de esclarecer certas passagens mais difíceis. São notas que se inspiram sobretudo nos ensinamentos de São Tomás de Aquino, em quem a Igreja reconhece "a expressão particularmente elevada, completa e fiel, tanto do seu Magistério como do *sensus fidei* de todo o povo de Deus"[2].

---

(1) A presente edição abrevia algumas passagens ou suprime alguns subtítulos da edição francesa, cujas ideias já se expõem em outros lugares do livro. Acrescentam-se no texto ou no Apêndice algumas referências ao *Catecismo da Igreja Católica* e os documentos recentes da Congregação para a Doutrina da Fé (N. do E.).

(2) Carta de Paulo VI ao Padre Geral dos Dominicanos: *Tomás de Aquino, luz da igreja e do mundo*, 20.11.1974.

NOTA SOBRE
AS REVELAÇÕES
PARTICULARES

"A Igreja Católica tem as revelações particulares por possíveis e, em certos casos, por reais, pois aprova várias, relativamente raras, necessariamente submetidas à Revelação pública"[1].

Estas revelações particulares não acrescentam nada ao depósito da fé, que foi encerrado com a morte do último Apóstolo. Com efeito, "desde o momento em que Deus nos deu o seu Filho, que é a sua Palavra, Ele não tem nenhuma outra a dar-nos.

---

(1) *Dicionário Apologético da Fé Cristã* (D.A.F.C.), art. Revelação, t. IV, 1928, col. 1008.

Disse-nos tudo e de uma só vez nessa única Palavra"[2].

Diz o *Catecismo da Igreja Católica*: "No decurso dos séculos, tem havido revelações ditas «privadas», algumas das quais foram reconhecidas pela autoridade da Igreja. Todavia, não pertencem ao depósito da fé. O seu papel não é «aperfeiçoar» ou «completar» a Revelação definitiva de Cristo, mas ajudar a vivê-la mais plenamente, numa determinada época da história [...]. — A fé cristã não pode aceitar «revelações» que pretendam ultrapassar ou corrigir a Revelação de que Cristo é o acabamento. É o caso de certas religiões não cristãs, e também de certas seitas recentes, fundadas sobre semelhantes «revelações»" (n. 67).

As revelações particulares distinguem-se em revelações privadas, destinadas unicamente ao crente, e em revelações públicas, relativas à vida da Igreja. As revelações públicas são úteis para a conduta dos fiéis,

---

(2) São João da Cruz, *Subida do Monte Carmelo*, II, 20.

que são instruídos sobre o que devem fazer "segundo é conveniente à salvação dos eleitos". A Igreja só as aprova depois de as ter examinado acuradamente; analisa acima de tudo a objetividade dos fatos e a concordância das mensagens com a Revelação geral. Mesmo depois de aprovadas, não se tornam objeto de fé. No entanto, "essas revelações, quando são divinas, obrigam aqueles a quem são feitas e aqueles para quem a sua verdade histórica e teológica é certa" (D.A.F.C., art. citado). Quanto às revelações privadas, "impõe-se a prudência, mas não a depreciação sistemática nem o ceticismo zombeteiro".

PRIMEIRA PARTE

TER UM CORAÇÃO
DE CRIANÇA

"Ó Amor, que se pode dizer de Ti?
Quem Te sente não Te compreende,
quem quer compreender-Te
não pode conhecer-Te...

Ó fogo de amor, que fazes nesse homem?
Tu o purificas, como o fogo purifica o ouro,
e depois o conduzes contigo à pátria,
a esse fim para o qual o criaste".

Santa Catarina de Gênova,
Tratado do Purgatório, Diálogo III

"Eu estava preso e vós me visitastes"

A voz de Jesus fez-se ouvir na minha alma, muito clara, muito íntima:

Quero que se peça pelas santas almas do Purgatório,
porque o meu divino Coração arde de amor por elas.
Desejo vivamente a sua libertação para por fim me unir a elas totalmente!
Não esqueças a minha palavra:
"Eu estava preso e vós me visitastes".
Aplica-a a essas santas almas:

é a Mim que me visitas nelas,
pela tua oração e obras em favor delas.
Olha para a sua perfeição,
que deve servir-te de ensinamento:
sofrem as penas mais terríveis,
mas não têm nenhum olhar para elas
nem para os seus tormentos;
abandonaram-se por completo ao meu
  Amor
e à Vontade pura de meu Pai.
Esta é a única preocupação que têm: a
  nossa glória.
Aprendei dessas santas almas a pureza
  do amor
que vos encaminha unicamente para o
  meu Coração.
Permanece em paz, faz o que te peço,
  meu filho!

Que magnífica lição, que conforto e que
paz! Meu Deus, dai-me a graça de uma obediência radical, confiante, perfeita, que me
faça não somente cumprir, mas exceder os
vossos desejos! Senhor, iluminai-me, dai-
-me a força de vos ser fiel.

O Anjo da Guarda[1]

Durante a oração da manhã, enquanto rezava pelas almas do Purgatório, o meu Anjo da Guarda manifestou-se interiormente à minha alma[2] e deu-me a saber quanto

---

(1) Deus serve-se dos anjos fiéis no governo da sua criação: assim, a verdade divina é manifestada aos homens por intermédio dos anjos. São João da Cruz evocou numa página célebre este ministério dos anjos junto dos homens: "Os anjos são os nossos pastores. Não só levam a Deus as nossas mensagens, mas também trazem até nós as de Deus. Alimentam as nossas almas com as suas doces inspirações e comunicações divinas. E, como bons pastores, protegem-nos e defendem-nos dos lobos, isto é, dos demônios. Pelas suas secretas inspirações, proporcionam às almas um alto conhecimento de Deus e fazem-nas arder na chama viva do seu amor por Ele, chegando a deixá-las totalmente feridas de amor" («Opiniões e Máximas», em *Obras espirituais*.).

(2) O anjo é espírito; não tem corpo. Este estado de absoluta espiritualidade não é dogma de fé definido, mas, como afirma um eminente teólogo dominicano, o Pe. Herris, "seria errôneo, ou ao menos temerário, sustentar que os anjos têm um corpo, ou ao menos um corpo etéreo". O anjo, criado por Deus, tornou-se participante da vida divina pelo dom da graça. O anjo fiel goza da visão gloriosa, que é a plenitude última da graça recebida. Quando aparece, pode tornar-se perceptível ao

o Senhor nos ama e como quer descobrir a cada alma as maravilhas do seu amor. Jesus queria, além disso, convidar-me a descobrir e contemplar de um modo muito particular o mistério do Purgatório à luz do seu Coração.

Uma leve angústia apossou-se de mim, mas o Anjo tranquilizou-me:

Não temas nem sofras.

---

olhar exterior, assumindo um corpo sensível, que não tem vida em si, mas apenas representa as suas propriedades inteligíveis. Trata-se de uma visão externa (igualmente chamada corporal). Também pode tornar-se perceptível apenas na mente da pessoa, sem ser captada pelos olhos, mas isso não significa que seja adequado falar de visão imaginária. Acrescentemos que os anjos não estão num lugar, e sim onde atuam; não estão submetidos a uma localização no espaço. Também não podem falar, mas somente emitir sons parecidos com a voz humana (cfr. São Tomás de Aquino, *Suma Teológica* (*S.T.*), Ia Q 5).

O *Catecismo da Igreja Católica* diz: "Enquanto criaturas espirituais, [os anjos] são dotados de inteligência e vontade: são criaturas pessoais e imortais. Por contemplarem «continuamente o rosto de meu Pai que está nos céus» (Mt 18, 10), são «os poderosos executores das suas ordens, sempre atentos à sua palavra» (Sal 102, 20)" (n. 329).

O Purgatório é um mistério de amor e
de misericórdia,
e, ao meditar nele, a tua alma será
chamada
a um amor muito maior pelo Senhor.
O conhecimento do Purgatório há de
trazer-te
grandes graças de santificação,
permitir-te-á dilatar a tua caridade
e penetrar mais a fundo na Vontade
pura de Deus.
E eu estou ao teu lado para te amparar:
não temas.

E prosseguiu:

O Purgatório é um grande mistério.
Não demorarás a aprender e descobrir
muitas coisas.
Algumas serão belas e consoladoras,
outras parecer-te-ão terríveis.
Mas nunca te esqueças de que
— por mais duro e doloroso que te
pareça —

o Purgatório é um mistério de
  misericórdia

tanto como de justiça:

é acima de tudo um dom gratuito do
  Amor.

Aconteça o que acontecer, permanece
  em paz.

Terás de sofrer muito, para aprender a
  amar muito.

Sabes que Jesus quer elevar-te cada vez
  mais,

de conhecimento em conhecimento, de
  amor em amor,

até ao seu Coração Eucarístico,

fonte de todo o amor.

E concluiu:

Se soubesses o que é o Amor!

O Amor é dom de Deus porque é Deus
  que se dá a ti.

Relê esta passagem da Escritura: "Deus
  é amor,

e quem permanece no amor permanece
em Deus
e Deus permanece nele".
Deixa Deus vir a ti, estabelecer-se em ti,
comunicar-se por meio de ti,
jorrar como um rio de fogo
que abrasará todo o universo!
Sê portador deste fogo de amor, desta
luz!
Deus é amor... Deus é amor.

Ao dizer estas palavras, o Anjo resplandecia, como que mergulhado num êxtase, flamante, contemplando a própria face desse Amor infinito. Através dele, eu via as manifestações do Amor divino e, sem me aperceber disso, pus-me de joelhos. A minha alma estava fora de si à vista desse colóquio de amor entre o Amor e o seu mensageiro, e sentia-se associada a esse intercâmbio de amor suave e inefável: cantando o Amor divino, o Anjo falava-me para me comunicar o seu amor. Perdi o domínio de todos os sentidos, interiores e exteriores, e a minha alma mergulhou no Amor.

A grande esperança

Na oração da tarde, a minha alma estava toda absorta na contemplação do Coração Eucarístico de Jesus, e de repente vi uma multidão de pessoas que — imersas num grande fogo — oravam intensamente. Compreendi que me eram mostradas interiormente as almas do Purgatório... Depois o Senhor fez-me ouvir dentro de mim a sua voz:

Filho, ora por estas almas,
a fim de apressar a vinda do momento
em que me estarão perfeitamente
   unidas.
A sua união neste tempo de Purgatório
consiste no desejo de Mim,
desejo que as queima como fogo.
A sua oração é esperança, porque é lá,
   no Purgatório,
que essa virtude se expande na sua
   pureza e perfeição.
Para uma alma, a maior purificação
é o desejo que ela tem de Mim,

desejo que o meu Coração Eucarístico
faz arder nos vossos corações:
é todo esperança quando o acendo nas
vossas almas.
E as almas aprenderão a esperança
através dessa prova de fogo.

O Senhor tocou a minha alma com uma
fagulha do fogo que brotava do seu Coração e, enquanto eu desfalecia sob a chama
suave — como uma flecha de fogo —, disse-
-me com uma infinita doçura:

Ó pequena alma! Quero fazer arder em
ti este desejo,
porque o teu desejo de Mim
chama à minha união contigo!

A minha alma, como que imersa no
amor do Coração Eucarístico de Jesus,
sofria por não poder corresponder com
perfeição a esse amor, e no entanto estava
inundada de uma felicidade inefável.

O sentido das graças que recebes

No fim da oração da tarde, vi aparecer-me o meu santo Anjo da Guarda. Disse-me:

Louvado seja Jesus Cristo!
Um dos teus íntimos está ainda no
    Purgatório;
reza e faz rezar pela sua libertação.
A Santíssima Virgem deseja-o muito
    vivamente:
se Ela pudesse, esvaziaria todo o
    Purgatório
de uma só vez!
Se rezares e ofereceres sacrifícios,
essa alma será livrada do Purgatório
na Sexta-feira Santa!

Estas palavras transtornaram-me: parecia-me um tempo tão longo e, simultaneamente, tão breve! Mas o tempo não existe após a morte. É inteiramente outra coisa[3].

---

(3) Desde o momento em que a alma se separa do corpo, já não está submetida ao tempo contínuo: é imutável na sua vontade, que a leva ao fim último que escolheu.

Perguntei ao Anjo se essa pessoa tinha de sofrer muito, e que deveria eu fazer. O Anjo respondeu:

Sim, sofre muito, cada vez mais, porque está perto da sua libertação.

O que conhece é uma duração sem mudanças nem sucessão, um perpétuo presente, que os teólogos chamam *evieternidade*. Mas na alma separada sucedem-se os pensamentos e os afetos: a medida dessa sucessão é o *tempo discreto*. Cada pensamento dura um instante, que não corresponde ao do tempo contínuo. Em consequência, a alma conhece uma dupla duração: a da *evieternidade* e a do *tempo descontínuo*. A evieternidade difere da eternidade não somente porque tem um começo, mas porque está associada ao "tempo descontínuo". Quando a alma entra na visão beatífica, participa da eternidade de Deus. Esta eternidade participada distingue-se da eternidade "essencial" de Deus porque não mede na alma glorificada senão a visão beatífica e o amor de Deus que dela decorre. Lembremos-nos de que em Deus a eternidade é a consequência da sua imutabilidade absoluta. Uma vez que Deus é o seu ser, Ele próprio é a sua eternidade: não há nEle começo nem fim. Ele existe sem conhecer nenhuma sucessão.

Não se trata de conceitos oficialmente definidos pela Igreja. Nestas questões, os teólogos utilizam uma linguagem analógica para exprimir da melhor forma possível fenômenos e situações que não foram explicitamente revelados.

Mas é um sofrimento de amor, bem o
sabes.
Reza, oferece as tuas missas por ela,
principalmente após a comunhão.
E sobretudo faz penitência!
O jejum e a penitência são o maior
modo
de socorrer as benditas almas do
Purgatório.
Mortifica os teus sentidos,
sobretudo os olhos e a língua,
pois Deus precisa de almas
interiorizadas e silenciosas.
Guarda as tuas penas e as tuas tristezas
só para Jesus;
não as confies senão a Ele.
Não sejas um peso para os teus irmãos:
deves ser uma alma alegre na cruz.
E depois, como conheces as faltas dessa
alma,
repara-as praticando as virtudes
que lhes são opostas.

E a própria pessoa me disse em tom
firme:

Bem sabes o que deves fazer: amar
  muito,
orar muito, calar-te sobre os dons de
  Deus,
e sobretudo permanecer na obediência
  a teu Pai.
Não cedas ao desânimo!
Que a tua lassidão não redunde em
  nosso prejuízo.
Precisamos das vossas orações,
por nós, com certeza, mas sobretudo
  por Deus!
Porque é um dever para vós glorificar o
  Senhor.

Esta admoestação sobressaltou-me. E a
pessoa prosseguiu, com tanta firmeza como
doçura:

Deixa-te conduzir pela graça!
São-te concedidas graças
para que sejam comunicadas à Igreja.
Deus quer servir-se delas para o bem,
para despertar as almas adormecidas,
para recordar aos homens encerrados
  no seu egoísmo

que a sua vida não termina na terra,
mas prolonga-se após a morte corporal.
Atualmente, não se pensa mais no
Purgatório;
chega-se até a negar a sua existência,
como também a do inferno.
Mas tu deves dizer que o Céu, o
Purgatório
e o inferno existem!
Sim, mesmo o inferno existe, e ai!, não
está vazio.

Essa pessoa calou-se, levantou os olhos
ao Céu e depois tornou a falar com gravidade:

Escuta bem o que te digo.
A meditação sobre os fins últimos do
homem
deve ser para vós uma escola e um
exemplo:
porque é vosso dever esforçar-vos por
ser santos,
preparar-vos para entrar na Casa de
Deus

desde a morte aqui em baixo.
Fazei tudo para evitar o Purgatório,
não por temor, mas por amor.
Rezai por nós, que não soubemos
  evitá-lo,
sem escolher determinadas almas,
a não ser aquelas pelas quais tendes
o dever pessoal de rezar.
Confiai tudo à Mãe de Bondade, a
  celeste Tesoureira:
Ela repartirá os sufrágios segundo a
  vontade de Deus.

O inferno

Meditar nos fins últimos do homem! Saber que "mesmo o inferno existe"! Que acontece nele?

A alma encontra-se subitamente imersa numa solidão absoluta, que é como que a condensação do caos, da morte, do nada. Tudo é não presença, não comunicação, não amor. É uma ausência total de movimento, de desejo, uma imersão no pecado em estado bruto, no mal absoluto, objetivado. A alma sabe-se pecadora, mas o pecado já não lhe pertence, já não é dela, antes é ele que a possui, a impregna, a atravessa. A alma sabe-se condenada e vê-se convertida no seu próprio pecado. Há como que uma fusão entre o condenado e o pecado. Assim é o inferno.

É difícil explicá-lo. Compará-lo-ia a uma espécie de atomização, de uma terrível concentração do mal, porque não está vazio, está cheio do nada: há uma pressão inaudita, uma densidade, uma opacidade atroz. Esse nada não é o não ser; é o antisser, o antiamor.

Nesse estado, a alma não sente nada, não experimenta nada na ordem do sensível; é algo mil vezes pior que um sofrimento consciente: uma agonia do espírito da qual a alma sabe que não desembocará em nada a não ser nela mesma, esvaziando-se sempre, porque o espírito se funde com a ofensa infinita que causou com o pecado, com o qual se identifica e ao qual se assimila progressivamente.

Há, para mais, uma não comunicação entre os condenados, que estão justapostos, ajuntados, oprimindo-se uns aos outros pela simples razão de estarem lá. É pior que o ódio, que é um movimento passional, impulsivo: é o não-amor na sua glacial objetividade. Porque, embora se arda no inferno, está-se igualmente imerso num frio de gelo que é o da segunda morte, da morte eterna. Compreendamo-lo bem: não é uma entrada no nada, uma dissolução; é a não vida: não há nenhum dinamismo próprio da vida, nenhuma criatividade, nenhuma evolução. É um estado permanente de vertigem e de opressão, que vai sempre crescendo e intensificando-se porque essa morte é infinita, e eterno o inferno.

Esse sofrimento é mais atroz que qualquer coisa, um fogo em comparação com o qual o fogo que mais queima aqui em baixo é frio, e o frio mais cortante aqui em baixo é fogo em comparação com o frio glacial da segunda morte. Não é uma experiência de não ser, mas de não ser o que se é, a absoluta impossibilidade de vir a ser o que se é, porque se era chamado a sê-lo no mistério salvífico da Cruz, e se recusou o mistério e se desprezou o dom gratuito da salvação.

O sentido das graças que recebemos com a meditação sobre o Purgatório

O mistério do inferno foi-me mostrado no espaço de um relâmpago, e eu pensei que desmaiava ante essa visão. Mas o meu Anjo susteve-me e tirou-me os olhos desse abismo, devolvendo-me ao mistério do Purgatório.

Ao lado do Anjo, vi uma alma numas chamas claras, que me disse:

Deus, que é inteira Bondade, quis dar a
    conhecer
o grande mistério do Purgatório, obra
    do seu amor.
Diversos santos, ensinados pela
    Sabedoria divina
e iluminados pelas suas luzes de
    verdade,
falaram e escreveram sobre este
    mistério de amor,

para glorificarem o Senhor na sua
  misericórdia,
para esclarecerem as almas e
  preveni-las,
para suscitarem na Igreja Santa
orações e sufrágios mais abundantes
  em nosso favor.

A contemplação deste grande mistério,
a consideração da misericórdia e da
  justiça de Deus,
a meditação das realidades dos últimos
  fins do homem,
devem ser para vós uma escola e um
  exemplo:
porque é vosso dever preparar-vos
para entrar na Casa de Deus
desde a vossa morte aqui em baixo.
Fazei tudo para evitar o Purgatório:
não por temor, mas por amor.
E orai por nós, que não soubemos
  evitá-lo.
Se lerdes um bom tratado sobre o
  Purgatório,

sabereis qual é o programa da vossa
vida aqui em baixo.

Mas quem tem tempo para isso nos
nossos dias?

Sabes muito bem que há uma forma de
gula espiritual

que consiste em só ler obras que
ofereçam à alma

consolações e satisfações sensíveis.

Muitas pessoas piedosas só querem ler
o que lhes apraz,

sob o pretexto de que é o que lhes
convém.

Mas o que apraz raramente é o melhor,

e, alimentando assim os seus gostos
espirituais,

essas pessoas perdem-se na
autocomplacência.

Calou-se e sorriu. Compreendi que alu-
dia, entre outros escritos, ao *Tratado do
Purgatório* de Santa Catarina de Gênova e
que era uma dessas boas leituras que reco-
mendava.

Ó Jesus, tudo por elas!

A minha alma está ainda sob o impacto da visão do Purgatório que me foi concedida ontem, e eu peço por essas santas almas, especialmente nesta festa da Expectação da Virgem Maria. À luz desta festa, ofereço a Deus a serena espera da sua Mãe, em favor das pobres almas que se consomem numa espera tão dolorosa. Com efeito, assim como a pacífica e confiante espera de Maria glorificou o Senhor, do mesmo modo Ele é glorificado pela espera das almas do Purgatório, se bem que de outra maneira. E a Santíssima Virgem pode interceder por essas almas. Esta intenção ocupou uma grande parte do meu dia, mas a proximidade do Natal encheu a minha alma de alegria e paz, de fortaleza e confiança. Por volta do meio-dia, o meu santo Anjo apresentou-se no meu interior e disse-me:

Neste tempo de Natal, não verás mais nada sobre o Purgatório.

Isto deve incitar-te a uma maior
fidelidade
na tua oração em favor das almas do
Purgatório.
Quando a tua alma se voltar para elas,
eleva ao Todo-Poderoso este simples
pedido:
"Ó Senhor, tudo por elas!"
Deixa-te penetrar bem pelo sentido
destas palavras,
dize-as com fé e amor, e não te
esqueças
de que não há necessidade de grandes
discursos
para exprimir a caridade.
É um dos teus deveres, e lembra-te de
que
há muitas almas que expiam no
Purgatório
por não se ter orado pelos defuntos
mais chegados.

E prosseguiu:

Como podeis permanecer insensíveis
diante de tantos sofrimentos de amor?

Estais na terra, mas participais da
comunhão dos santos.

Será que não vos é possível

recorrer à intercessão dos
bem-aventurados

e muito particularmente da Mãe de
Deus?

Por acaso as almas do Purgatório

cessam um só instante de rezar por vós,

de obter-vos graças e luzes?

Pois bem, elas também precisam de
intercessores,

e os encontram entre vós tanto como
no Céu.

Rezai por elas, que necessitam dos
vossos sufrágios,

que esperam de vós fidelidade e
agradecimento.

Deus assim o quer, tanto mais que

a vossa oração por essas benditas almas

é um ato de caridade, um testemunho
de amor:

faz-vos progredir nessa virtude e na fé,

dilata os horizontes da vossa caridade

e aprofunda a vossa fé, enriquece
e fortalece a vossa esperança.
E tudo isso glorifica a Deus e consola
as santas almas do Purgatório.

Cedi a um breve momento de angústia,
mas o Anjo concluiu calmamente:

Permanece em paz!
Na paz de Deus e não da do mundo,
que não passa de uma caricatura
e simulacro da autêntica paz de Deus.

O Anjo partiu. Estou em paz.

SEGUNDA PARTE

BEM-AVENTURADOS OS CORAÇÕES PUROS, PORQUE VERÃO A DEUS

"O amor só se paga com amor".
São João da Cruz

A misericórdia de Deus sobre o Purgatório

Após a oração, o Senhor fez-me contemplar a misericórdia infinita com que atua no Purgatório e se derrama nas benditas almas que ali sofrem tormentos de amor.

Vi no começo o olhar amoroso da Trindade divina pousado sobre todas essas almas, desde o átrio até o mais profundo do

Grande Purgatório[1], e contemplando cada uma delas em particular.

Vi como o Pai olha essas almas repletas do Sangue do seu Filho, que é o preço único e preciosíssimo da sua salvação; e como as olha e ama infinitamente no seu Filho crucificado e glorificado.

Vi o Verbo pousar o olhar sobre elas, cheio de regozijo por contemplá-las imersas na pura Vontade divina, radicalmente entregues ao amor do Pai, e amá-las pelo seu Pai, que é também nosso Pai.

Vi o Espírito Santo, Espírito de amor, olhar essas santas almas com uma infinita complacência, e derramar-se nelas plenamente como em vasos de predileção do amor divino.

Era uma maravilha. O meu santo Anjo disse-me:

Vês, filho, as santas almas do
    Purgatório:

---

(1) Esta expressão será explicada nas páginas seguintes.

são as filhas queridas da Misericórdia
divina.
Estão destinadas a ser as joias eternas
da Jerusalém celeste, os adornos da
Esposa Imaculada.
Por isso é preciso que sejam
perfeitamente puras,
que a menor falta seja totalmente
expiada,
que a menor partícula de pó
inteiramente retirada.
É por isso que essas filhas da
Misericórdia
estão expostas aos rigores da Justiça
divina.

Após uns instantes, prosseguiu:

No Purgatório, as almas conhecem as
suas faltas.
Têm delas uma total percepção:
veem-nas no momento do juízo
particular,
e depois conservam-nas presentes no
seu espírito.

Mas não se detêm nelas:
adoram a misericórdia divina
e glorificam a Santíssima Trindade
com amor e agradecimento.
Sabem que o Purgatório foi criado pela
  Misericórdia,
que estão nele por um decreto da
  Misericórdia.
E compreendem que as suas penas
são sempre ligeiríssimas em
  comparação
com a infinita ofensa que o pecado
  causa.

Depois vi no Céu miríades de Anjos que rezavam pelas almas do Purgatório, como também multidões de santos em torno da Virgem Maria, e a minha alma alegrou-se com a consolação que proporcionavam a essas almas. O meu santo Anjo disse-me:

Este grande mistério da comunhão dos
  santos
e da sua eficácia em relação às almas
  do Purgatório

é também um efeito da Misericórdia
divina.
E Deus concede, não só aos anjos e
santos do Céu,
mas também aos que vos encontrais
aqui em baixo,
a permissão expressa de rezar por essas
almas
e de lhes obter assim algum alívio.
É um dever para vós,
uma obra de misericórdia.

Foi-me mostrado que as almas do Purgatório recebem às vezes, segundo os desígnios divinos, a possibilidade de se manifestarem na nossa vida de formas variadas. Nessa ocasião, o Anjo disse-me:

Essas manifestações são também
permitidas pela Misericórdia divina.
Têm um triplo fim para a Igreja
militante:
convidar o povo de Deus a orar por
essas almas;
chamar o povo de Deus à penitência

pela sua própria santificação;
advertir o povo de Deus
de que está na terra de passagem.
As almas do Purgatório podem por
  vezes dar-vos
sinais destinados a fortalecer a vossa fé,
e assim guardar-vos, advertir-vos e
  proteger-vos.
Deveis dar graças por isso
e orar por esses mensageiros da
  Misericórdia.

Visão do mistério do Purgatório

Oração da manhã. Descobre-se aos olhos da minha alma uma imensa fogueira, silenciosa e imóvel, mas em chamas de um calor sem igual.

É em primeiro lugar um fogo, um fogo de amor concreto, material, e ao mesmo tempo espiritual, místico. O mistério do Purgatório é a purificação das almas nessas chamas, é a reparação que elas devem a Deus pelo pecado, por todas as sequelas do pecado e por todas as consequências do pecado pessoal na ordem da Criação. No entanto, já não há pecado nelas[2].

---

(2) O pecado é uma desordem que ofende a Deus, porque ultraja a sua dignidade de Bem infinito: a sua gravidade mede-se pela maior ou menor desordem que representa. Deve-se distinguir entre pecado mortal e pecado venial. Se o homem se desvia, a ponto de chegar à aversão a Deus que é o seu Fim, perde a vida divina: é o pecado mortal, em que o homem prefere um bem finito à caridade divina. Mas se usa de um bem perecível sem no entanto pôr nele o seu fim, comete um pecado venial: a desordem reside então nos meios, não no fim (São Tomás, *S.T.*, Ia IIae, Q. 88, a l).

Quais são as consequências do pecado mortal e do pecado venial? No mortal, o homem perde a vida, macula a sua alma, que fica marcada por uma mancha desonrosa; enfim, introduz em todas as suas faculdades uma grave desordem e uma inclinação para os atos maus. Esta inclinação para a busca desordenada do bem sensível — que gera um hábito, se o pecado se repetiu — subsiste, embora debilmente, depois de o pecado ter sido apagado pela confissão sacramental. São os restos do pecado absolvido, que não desaparecem a menos que uma contrição muito viva — como a de Maria Madalena, cujo exemplo é citado por São Tomás — ou a oferenda de repetidos atos e obras de reparação os apaguem definitivamente. Se não for assim, essas inclinações defeituosas só desaparecem depois da morte...

Apagam-se na luz do juízo particular ou no Purgatório? São Tomás escreveu no *Comentário das Sentenças*: "O rigor da pena corresponde realmente à gravidade do

A reparação consiste na privação atual de Deus, na privação momentânea da visão beatífica. É um estado de sofrimento indizível, uma terrível expiação para uma alma que, invadida pelo Amor divino que a atrai e quer dar-se a ela em plenitude, não pode ainda acolhê-lo e possuí-lo, imobilizada no seu grau de caridade.

É o exílio longe do Amado, o desejo devorador de o possuir. É como uma demora devida à conduta própria: o Amado veio,

---

pecado na pessoa" (Garrigou-Lagrange, *A vida eterna e a profundidade da alma*). Se se distinguem os restos do pecado da obrigação da pena resultante dos pecados perdoados mas não expiados, as palavras de São Tomás significam somente que, quanto mais forte for uma inclinação tortuosa na alma do pecador, mais longa será a pena destinada a expiá-la. Santa Catarina de Gênova diz que a obrigação da pena é como uma "ferrugem". O fogo do Purgatório consome essa ferrugem, isto é, livra a alma da dívida contraída pelo seu pecado. Os sofrimentos que constituem a pena do Purgatório purificam a alma, não das suas inclinações defeituosas, mas da dívida do pecado (São Tomás. *S.T.*, Q. 70 ter, a.7; Santa Catarina de Gênova, *Tratado do Purgatório*, n. 4). O que o texto afirma várias vezes concorda perfeitamente com a interpretação de São Tomás. Veja-se também o *Catecismo da Igreja Católica*, nos nn. do índice analítico relativos ao *pecado mortal* e ao *pecado venial*.

mas a alma não estava preparada. No Purgatório, já não pode fazer progressos nem adquirir méritos. Tem um desejo ardente que queima sem consumir.

A privação de Deus no Purgatório tem três modalidades dolorosas. Por um lado, a alma está cercada pela luz divina, mas permanece na escuridão. Por outro, vê-se atraída pelo Amor divino, mas encontra-se longe dele. Por fim, cativada pela beleza e santidade de Deus, sente-se oprimida.

Dessa tríplice modalidade, decorrem todas as outras penas, mais particulares, mais próprias de cada alma: remorso pelas graças que perdeu ou desperdiçou, sofrimento por ter sido esquecida pelos familiares que ainda estão na terra, espera ansiosa pela libertação do Purgatório, que não sabe quando será.

O fogo de amor do Purgatório

O fogo do Purgatório é fogo de amor, que dardeja do Coração Eucarístico de Cristo. Cativa a alma e abrasa-a no desejo da visão beatífica.

Por ser de amor, é um fogo terrível: acende na alma que está no Purgatório um vivo desejo de Deus, como que um doloroso desfalecimento, uma chama violenta, em comparação com a qual o fogo da terra se revela como um bálsamo. E provoca uma sede mística atroz:

"A minha alma está sedenta de Ti,
como terra árida sem água".

Pode-se ver neste versículo do salmo 63, 2 uma metáfora do desejo de Deus que experimentamos aqui em baixo. Mas o meu Anjo não o interpreta assim, porque me perguntou se havia nesta terra almas tão avançadas no amor de Deus que fosse possível aplicar-lhes verdadeiramente essas palavras da Escritura. Com efeito, é para mim mais fácil aplicá-las ao Purgatório, que elas me ajudam a compreender, do que a mim próprio, porque, ai de mim!, eu mesmo estou muito longe de experimentar essa sede de Deus...

Vejo sempre as almas do Purgatório atraídas com força pelo amor de Deus e, ao mesmo tempo, retidas no Purgatório pela necessidade de reparar as suas faltas, de pagar a sua dívida, de expiar as consequências do pecado que nelas persistem. Essa expiação é amada e querida por elas porque é o meio — por mais doloroso que seja — de verem a Deus e chegarem à união beatífica com Ele.

Além do fogo ardente que significa o desejo excitado e não satisfeito de total adesão a Deus, parece-me que há no Purgatório outro fogo verdadeiro, quase material, análogo ao da terra, mas incomparavelmente mais terrível. O meu Anjo confirmou-me essa intuição, dizendo-me que podemos ver o seu caráter material pelos efeitos que o fogo pode produzir sobre a matéria[3].

---

(3) A propósito das penas do Purgatório, a fé só está comprometida em alguns pontos: em que há penas do Purgatório, que são purificadoras; e em que deixarão de existir após o Juízo final. A principal pena do Purgatório é a privação da visão de Deus. E há uma pena secundária, que é a pena de sentido. Como é esta? A Tradição da Igreja latina, com algumas exceções, afirma que as almas se purificam por um fogo físico depois da vida terrena. A Tradição da Igreja oriental

Parece-me, pois, que há no Purgatório um duplo fogo: o fogo interior do amor, acendido na alma por Deus, e um verdadeiro fogo exterior, que é a manifestação do primeiro.

Vi esse fogo como uma espécie de escuridão ardente, abrasadora, porque o

---

não é unânime neste ponto, e inclina-se mais por um fogo de natureza espiritual. O Concílio de Florença (1438) não se pronunciou sobre esta matéria, objeto de viva controvérsia entre gregos e latinos (*Dicionário de Teologia Católica*, tomo 5, art. "Fogo", col. 2246-2261). Segundo São Roberto Belarmino, a doutrina segundo a qual as almas são purificadas no Purgatório por um fogo físico é uma "sentença probabilíssima". Mas como pode a alma separada do corpo ser atormentada por um fogo físico?

São Tomás de Aquino tratou desta difícil questão com a sua costumeira acuidade (*S.T.*, suplemento, Q. 70ter., a. 3). Esta é a explicação: pela sua virtude natural, o fogo não pode atingir a alma separada do corpo. Com efeito, para que um corpo possa atuar sobre um espírito, é preciso que lhe esteja unido:

— seja como a forma está unida à matéria, formando um só composto: é o caso da alma e do corpo. Porém, é preciso observar que o fogo não causa na alma um sofrimento sensível, mas espiritual, pelo fato de a reter cativa. A pena de sentido não é a mesma nesta vida e na outra. Aqui em baixo, é causada por agentes naturais, e no além por um fogo que causa uma dor espiritual.

Purgatório é como uma região de trevas, em comparação com a luz inefável e radiosa do Paraíso. Em comparação com o inferno, porém, é incomparavelmente luminoso, porque o inferno é o reino das trevas e do fogo eternos... De qualquer forma, penso que o fogo exterior do Purgatório é o mesmo do inferno, com a diferença de que, no Purgatório, é positivo, pois purifica e abrasa no amor, ao passo que, no inferno, é negativo, castiga e suscita o ódio[4].

— seja como o instrumento está unido ao que é movido por ele.

Ora, o fogo não está naturalmente unido à alma separada do corpo, nem da primeira forma, nem da segunda. Resta, portanto, que a Justiça divina dê ao fogo um poder de detenção. Por um ato de Deus, o fogo retém a alma, servindo-lhe de algum modo de morada. Bloqueia assim o exercício da vontade, impedindo-a de agir como e onde ela quer. É claro que o fogo é apreendido pela alma como um mal, e causa-lhe um sofrimento espiritual (cfr. no Apêndice o acréscimo à Nota Teológica sobre o Purgatório).

(4) Para São Tomás, trata-se substancialmente do mesmo fogo, mas os seus efeitos são diferentes no inferno e no Purgatório, *loc. cit.*

Tudo isto pode parecer incrível. Escrevo-o como me foi mostrado. O Purgatório é um mistério tão grande! Se me engano nisto que digo, é que entendi mal. Submeto-me em tudo à Santa Madre Igreja, que sabe e julgará.

As penas do Purgatório

Oração da tarde. Vi que no Purgatório só há na realidade uma única pena: a privação atual da visão de Deus. Tal é, em si e diretamente, a grande e única pena do Purgatório; todas as outras são apenas modalidades ou decorrências dela[5]. Essa pena única é mais terrível porque a alma reconhece e experimenta como nunca a atração por Deus e só deseja a glória dEle, mas sente-se

---

(5) Há no Purgatório duas espécies de penas: a) a pena do adiamento da visão de Deus, que é impropriamente chamada pena de dano, porque não se deve confundi-la com a que sofre o condenado no inferno; b) e a pena de sentido, sobre cuja natureza a Igreja não se pronunciou de forma explícita e solene (cfr. *Catecismo da Igreja Católica*, nn. 1030, 1031, 1472).

paralisada. Penso que se pode comparar um pouco essa pena à do paralítico que jazia à borda da piscina de Betesda: tinha um vivo desejo de entrar na água quando ela se agitava, mas não era capaz de locomover-se. Isso devia doer-lhe imensamente (cfr. Jo 5, 2, 7). Todas as outras penas são consequências dessa paralisia da alma: a clara visão que a alma tem dos seus pecados, a dor de ter pecado, o sentimento de estar afastada e às escuras, esquecida dos que continuam na terra, a fome de Deus, etc.

Quanto duram essas penas? O meu Anjo explicou-me um pouco a questão, porque nos é difícil conceber que um espírito possa de algum modo estar inserido no tempo:

No Purgatório,
não existe o tempo tal como o
   conheceis na terra.
Mas as almas que se encontram nele
realizam atos diversos
que se sucedem na ordem do amor;
e essa sucessão de atos constitui de
   algum modo

como que a medida de um tempo
uniforme.
Mas isso não tem nada que se
assemelhe
à vossa noção do tempo.
Não vos esqueçais de que "mil anos são
como um dia
aos olhos do Altíssimo" (Sal 90, 4).

O que vi foi que o que constitui os diferentes graus do Purgatório não é uma diferença de natureza nas penas, mas uma duração e sobretudo uma intensidade maiores ou menores, assim como uma maior ou menor abundância de consolações.

Vi ainda que, naquilo que os homens chamam o *Grande Purgatório* ou *Fundo do Purgatório*, as almas têm consciência da presença dos demônios, o que as atormenta muito pela grande agitação que causam em torno delas. O meu Anjo da Guarda explicou-me:

Os demônios não têm nenhuma ação
direta

sobre as almas do Purgatório,

mas a percepção da sua presença e da sua ação nefasta

é um tormento permitido por Deus para certas almas.

O demônio conserva como que um resto de poder,

mas são somente as sequelas do pecado[6].

As almas do Purgatório sofrem também por se verem esquecidas, negligenciadas pelas pessoas que vivem na terra. Não sofrem diretamente por elas mesmas — não

---

(6) Para São Tomás, os demônios já não têm nenhum poder sobre as almas do Purgatório. Não podem atormentá-las, porque foram definitivamente vencidos (*S.T.*, Q 70ter a. 5). Já Santa Catarina de Sena e Santa Brígida pensam que os demônios estão encarregados de atormentar as almas do Purgatório. A primeira faz dizer ao Senhor: "Eu, Verdade Eterna, constituí os demônios como meus instrumentos para exercitar os meus servidores na virtude; e ao mesmo tempo como meus justiceiros quanto às almas que passam pelas penas do Purgatório" (J. Joubert e L. Cristiani, *Os mais belos textos sobre o além*, 1950).

têm nenhum olhar dirigido para elas —, mas por verem em nós uma grave negligência, uma grave falta de consideração pela comunhão dos santos e pela glória desse Deus que elas prezam acima de tudo. Não é por elas que desejam sair mais depressa do Purgatório, mas somente pela glória de Deus. Essas almas santas têm muitas coisas a ensinar-nos sobre o mistério da glória de Deus.

Tudo nelas está em função dessa glória, que é por assim dizer a sua única ocupação. De muito bom grado passariam mil anos no Purgatório se com isso pudessem aumentar a glória de Deus. Isto não quer dizer que não nos amem, antes pelo contrário: amam-nos bem melhor e mais que todas as pessoas daqui de baixo, excluídos talvez os maiores santos. Amam-nos no puro amor de Deus e no perfeito exercício da caridade: é um amor muito elevado, muito objetivo e muito puro. E quando pedem por nós, só têm em vista o nosso bem, que se ordena para a glória de Deus.

A Santidade de Deus

No fim da oração da manhã, foi-me mostrado um pouco da Santidade de Deus. Vi um imenso mar de cristal muito calmo, de uma profundidade insondável. Esse mar estendia-se à Igreja Santa, banhando-a, impregnando-a, alimentando-a e vivificando-a; consumia nela tudo o que é pecado e imperfeição: queimava, apagava e destruía toda a impureza ou traço de impureza. É nesse mar de cristal que todo o Céu está submerso e é nele que vive e subsiste a Santa Igreja.

E vi o Purgatório como a antecâmara de fogo da Glória celeste, onde as almas estão imersas na santidade de Deus para nela se purificarem e alcançarem as maiores alegrias: a sua confirmação na graça e a certeza da salvação, a impossibilidade de tornarem a pecar, bem como a alegria de expiarem e reconhecerem, nessa expiação que elas amam, uma glorificação da Santidade de Deus. E quanto mais se abandonam a esse fogo divino, mais transparentes, luminosas e belas se tornam: quanto mais sofrem por estar nesse mar, mais desejam com agradecimento permanecer nele até ficarem plenamente purificadas e assim darem glória a Deus[7]. Inteiramente entregues ao Amor divino, não olham para os seus sofrimentos, mas para a glorificação de Deus, abismando-se de algum modo na sua Santidade.

---

(7) "Fui arrebatado em espírito: no céu havia um trono, e nesse trono estava sentado Alguém [...] Havia ainda diante do trono um mar límpido como cristal" (Apoc 4, 2 e 6). A santidade divina é um mistério da transcendência de Deus, que se basta plenamente a si mesmo e de quem dependem todas as realidades. É também em Deus a perfeição insondável da sua vida de amor. Esta vida de amor é comunicada ao homem pelo dom da graça. Ao preferir-se a si mesmo, o pecador ofende a santidade divina. Deus é ofendido como Fim último, Benfeitor, Soberano, Mestre e Juiz. É verdade que a ofensa não o alcança em si mesmo, mas constitui nada mais nada menos do que uma grave injúria ao Criador, que já não é glorificado no homem por uma adoração amante e agradecida.

O rio de Misericórdia que jorrou da Cruz

O Senhor deu hoje à minha alma novas luzes sobre o mistério do Purgatório, que me foi mostrado como um rio de águas abundantes que jorrou da Cruz com a morte de Cristo.

Vi que o Purgatório foi criado por Cristo Salvador — mais exatamente pelo Pai nEle —, morto na Cruz para resgatar os homens, e Vencedor da morte, cujo império destruiu e cujo poder fez recuar. Antes da Redenção do gênero humano, o Céu estava fechado para nós, em virtude do pecado original, e foi Cristo quem, pelo seu sacrifício, morte e Ressurreição, se fez a Porta do Céu[8].

------

(8) A Virgem Maria é saudada na Tradição como *Janua Coeli*, Porta do Céu (cfr. a Ladainha de Loreto), porque, pela sua maternidade divina, está associada a Cristo na obra da salvação: conduz-nos a Jesus, que não é só a porta do Céu, mas o nosso Céu. E, na medida em que nos permite chegar a Jesus, Ela é, com Ele, a Porta do Céu.

Até então, as almas dos justos não podiam ter acesso ao Céu, e esperavam no limbo que a Porta se abrisse. Com a crucifixão do Salvador, essa porta abriu-se, a Justiça divina foi satisfeita, e a misericórdia, como que retida em Deus até esse momento, pôde jorrar em plenitude sobre o gênero humano. Pela sua Paixão e Morte, o Salvador uniu o amor infinito e a justiça estrita. E o Purgatório foi-nos dado por Ele como penhor e lugar de encontro dessas duas manifestações do seu amor misericordioso[9].

Nesse rio de misericórdia que é, pois, o Purgatório, as almas são invadidas pelo amor inflamado de Deus, que as quer purificar para introduzi-las na sua intimidade eterna: o Céu. Neste sentido, o Purgatório encontra-se de certa maneira no Coração misericordioso de Jesus, como também se encontra, embora de outra forma, na Igreja

---

(9) No Purgatório, a justiça e a misericórdia se abraçam. Mas o Purgatório manifesta mais a Misericórdia divina, que é "o maior dos atributos de Deus, a maior das suas perfeições" (João Paulo II, *Dives in misericordia*, n. 13).

militante e, ainda de outra forma, no Paraíso: tudo é recapitulado no Amor.

O selo da Cruz impresso no Purgatório

Enquanto rezava o terço pelas benditas almas do Purgatório, vi interiormente uma imagem impressionante: a de um lugar de expiação muito denso, muito povoado, situado no centro da terra. Mas era certamente um símbolo, para dar a entender como as almas do Purgatório estão simultaneamente bem distantes da glória celeste e já muito afastadas de nós aqui na terra.

O mais impressionante, porém, era uma imensa cruz de um vermelho escuro, que se projetava sobre o Purgatório, mantendo-o nos seus limites e isolando-o em parte do Céu e em parte da terra. Vi assim que todas as nossas orações e sufrágios pelos defuntos — bem como as orações de intercessão dos santos — se elevam primeiro até o Céu e depois se espalham numa nuvem de consolações sobre as almas do Purgatório. E sempre da mesma maneira: por meio da Cruz e, por assim dizer, em virtude da Cruz.

Depois de ter terminado o terço, o meu santo Anjo disse-me:

Sem a santa Cruz, não haveria Igreja
e não haveria Purgatório.
A Igreja Santa é a Igreja de Jesus
  Crucificado:
deve entrar com Ele no mistério da
  Cruz
para nEle chegar à luz da glória eterna.
E o Purgatório permite a inúmeras
  almas
que não entraram plenamente em Jesus
  Crucificado,
e não assumiram em si próprias
a vocação de vítima que a Igreja tem,
poderem por fim alcançar o seu
  acabamento
em Jesus Crucificado e nEle ter acesso
  à glória do Céu.
É para isso que a Cruz se imprime
como um selo sobre o Purgatório.

Deus ama as almas do Purgatório

Neste dia 2 de novembro, especialmente dedicado aos defuntos, o Anjo da Guarda mostrou-se no meu interior, resplandecente de luz, e disse-me:

Olha e dá graças ao Altíssimo!

Vi o Purgatório inteiro mergulhado num tríplice raio de luz, de água e de sangue que brotava do Coração Eucarístico de Jesus. E o Anjo prosseguiu:

É para te fazer compreender
quanto Deus ama essas almas.
Na torrente de Sangue que banha o
  Purgatório,
o Pai contempla com misericórdia as
  almas sofredoras,
e vê-as resgatadas no Sangue do seu
  divino Filho,
e encontra na salvação delas a sua
  grande glória.
Nesse rio de água límpida que se
  derrama

como uma nuvem refrescante sobre o
  Purgatório,
e no qual as almas são mergulhadas e
  lavadas,
Jesus exerce sobre elas uma atração de
  amor:
convida-as a entrar na glória do céu
e atrai-as nEle para o Pai.
E o Espírito espalha as suas chamas de
  amor
por meio do Coração Eucarístico de
  Jesus,
para abrasar essas almas santas.

E o Anjo concluiu:

A Trindade divina ama as almas do
  Purgatório.
O Pai ama-as no seu Filho e no Espírito
pousado sobre elas;
o Filho ama-as pelo Pai e no seu
  Espírito;
o Espírito ama-as com o Pai e o Filho.
Cada uma das três Pessoas divinas
  contempla nelas

o grande mistério da salvação dos
homens.
O Pai salvou os homens pelo Filho e
nEle,
o Filho redimiu-os pelo Pai,
o Espírito realiza neles a salvação
que lhes é proposta pelo Pai no Filho.
E a sua glória é perfeita, e perfeito o
seu júbilo.

A aurora do dia eterno

"Já não haverá noite, nem se precisará
da luz da lâmpada ou do sol, porque o Senhor Deus iluminará os seus servos e eles
reinarão pelos séculos dos séculos". Tal é a
esplêndida visão do Céu que o Senhor nos
oferece no Apocalipse (22, 5): visão do Dia
eterno de Deus.

Estas palavras do Apóstolo João susti-
veram a minha fé e alimentaram a minha
esperança, e o meu espírito incitou-me com
toda a força a rezar pelas almas do Purgatório e a pedir para elas uma rápida libertação, a fim de saborearem no Céu essa suave
luz de Deus.

E eu compreendi que o Purgatório é como a aurora desse dia, uma espécie de zona de penumbra em relação à luz do Paraíso e à obscuridade da fé aqui na terra. Não foi uma visão nem uma imagem, mas fruto de uma oração entregue à inspiração do Espírito Santo.

Quanto aos que estamos na terra, pareceu-me que nos encontramos no meio da noite. Sim, encontramo-nos no meio da noite, mas recebemos numerosas luzes e alentos graças à Santa Igreja, que nos guia, nos ensina, nos esclarece, alimenta e assiste... Tudo isso tem por fim permitir-nos trabalhar para alcançar o Céu!

Se tivermos levado a bom termo a nossa obra, se tudo estiver bem terminado, bem realizado, sem espinhos que rasgam nem atrasos, entraremos diretamente no Céu, para nele recebermos a nossa recompensa e o nosso repouso.

Se não tivermos feito o nosso trabalho como Deus nos pede, sem sabotá-lo, se todos os socorros que recebemos tiverem sido desprezados, rejeitados e mesmo profanados, estaremos a caminho da condenação, da noite sem fim... Que o Senhor guarde as nossas almas, que nos preserve desse desfecho!

E se a nossa obra estiver inacabada, se houver retoques e retificações a fazer, iremos para o Purgatório, onde não poderemos adquirir méritos e dependeremos de que os nossos irmãos — pelas suas orações e sufrágios — concluam de certo modo o nosso trabalho inacabado e assim o resgatem.

Vestíbulo de fogo da Casa do Pai

Numa visão interior muito clara, o Céu foi-me mostrado como uma vasta morada espaçosa, rica de esplêndidos edifícios, ligados uns aos outros por galerias de luz, compondo todo um conjunto situado num magnífico jardim rodeado de muros de luz e com as portas guardadas por uma coorte de anjos.

No meio do jardim, erguia-se uma árvore imensa, verdejante, suntuosa, carregada de toda a espécie de frutos deliciosos, de grinaldas de flores perfumadas e folhagem opulenta. Era uma representação simbólica da Árvore da Cruz e das graças de que ela é a fonte. Por cima da árvore brilhava um sol que iluminava todo o conjunto.

Vi milhares de almas que chegavam às portas do Céu. Algumas eram introduzidas na morada do Pai, outras — mais numerosas — eram conduzidas por anjos ao vestíbulo de fogo dessas moradas celestes: nesse vestíbulo, deviam limpar manchas que enodoavam as suas vestes brancas, restos de antigas manchas lavadas, mas não completamente apagadas.

No Céu, anjos e santos colhiam da Árvore da Cruz toda a variedade de flores e frutas e depositavam-nas em finas cestas de ouro, que outros anjos levavam à Igreja militante para que assistisse e fortalecesse as almas na terra e no Purgatório. E da terra, miríades de outros anjos subiam ao Céu, com as suas cestas cheias de grãos de incenso que se queimavam diante da Face de Deus e que são as orações e boas obras da

Igreja daqui de baixo. Compreendi que esses grãos de incenso são os sufrágios pelas almas do Purgatório.

Vi também que, quanto mais numerosos são esses sufrágios, mais abundantes são as frutas e flores que os anjos distribuem: graças de oração e de indulgências que confortam as almas do Purgatório e abreviam o seu tempo de purificação, ou por vezes aliviam alguns dos seus tormentos.

Vi ainda que do vestíbulo de fogo, saíam sem cessar muitas almas que entravam no Céu, agora com as vestes resplandecentes de brancura, e se juntavam à multidão dos santos, cantando louvores a Deus e possuindo-o para sempre numa alegria eterna.

Prisioneiras da Misericórdia, guardadas pela Justiça

O Purgatório foi-me mostrado como uma prisão mística, construída pela Misericórdia divina[10] e guardada pela Justiça para que as almas se purifiquem.

Mas o mais notável dessa prisão é que ela não tem nem muros, nem celas, nem guardas: é unicamente a alma que se guarda a si própria, sem outra vigilância que a da sua total conformidade com o puro Querer divino. Não está acorrentada: está

---

(10) O Purgatório manifesta a Misericórdia divina porque prepara as almas para a visão gloriosa. Recorda a oferenda misericordiosa que Jesus fez da sua vida na Cruz para abrir aos homens a entrada no Céu: sem a Cruz, não haveria Purgatório porque não haveria o Céu, para o qual precisamente o Purgatório prepara um grande número de almas.

Além disso, como estado de purificação, o Purgatório aparece também como um dom maravilhoso do Coração ferido do Cordeiro imolado, que oferece às almas a possibilidade de uma última purificação, se no termo da sua vida terrena não estavam preparadas para o encontro com o Deus vivo e verdadeiro. Sem esta possibilidade, as almas não poderiam alcançar o seu fim; seria o inferno. Deus satisfaz no Purgatório a sua justiça; mas no próprio exercício da sua justiça vive a sua misericórdia, que associa o homem de um modo particular à restauração dos direitos do Amor, que com o pecado tinham sido enxovalhados (a Enc. *Dives in misericordia* fornece aprofundamentos bem atualizados).

no Purgatório livremente. Tendo alcançado uma clara visão de si mesma e da sua incapacidade atual de entrar no Céu, se por um lado se deixa cativar e atrair poderosamente pelo Amor divino, por outro deixa-se reter por vontade própria pela Justiça divina nesse lugar de expiação, cujas exigências deve e quer satisfazer. Vi que as almas prefeririam mil e mil vezes permanecer nesse estado de expiação até o Juízo Final, a chegar à presença de Deus sem terem lavado e voltado a lavar a mais pequena mancha das suas vestes, sem terem satisfeito a sua dívida para com a Justiça divina.

Visão do Grande Purgatório[11]

Quando acabava de me deitar e recitava algumas orações pelas almas do Purgatório,

---

(11) Não existe senão um Purgatório. A Igreja nunca se pronunciou sobre a existência de três patamares: o "Grande Purgatório", o "Purgatório Médio" e a "Antecâmara do Céu". Mas, por analogia com o progresso espiritual (conversão — progresso — perfeição), bem

o meu Anjo da Guarda disse-me com toda a gravidade:

Vê, meu filho, e reza muito!

Vi então com os olhos da alma um fogo terrível, sem limite nem forma, que ardia sem nunca variar, num silêncio aflitivo. Nenhuma crepitação, nem mesmo um ruído surdo como o de uma lareira acesa, nada a não ser esse fogo que parecia fixo, de uma intensidade permanente, de uma violência e de uma ardência sempre iguais.

Assustei-me, e o susto aumentou quando vi nesse fogo milhares e milhares de almas comprimidas umas contra as outras, mas sem de modo algum se comunicarem entre si. Pareciam esmagadas por esse fogo que — se compreendi bem — se assemelhava ao do inferno, exceto pela eternidade das penas,

---

descrito por São Paulo (Fil 3, 12-14), parece de toda a conveniência contemplar a purificação nas suas três fases sucessivas. Toda a obra de São João da Cruz, que assimila purificação e Purgatório, é uma ilustração deste tema.

pelo ódio contra Deus e as outras almas, e pelo desespero. Era o *Grande Purgatório*.

Vi que, nele, as almas se encontram num estado de total aridez, mergulhadas numa grande solidão, na nua disponibilidade ante o puro Querer de Deus, desse Deus a quem entreveem confusa e dolorosamente. Se não me engano, pude compreender que estão submetidas a um longo trabalho de destruição da ganga produzida pelo pecado. Uma purificação terrivelmente passiva, embora a alma coopere com ela pela adesão de todo o seu ser à Vontade divina.

Mas essas almas não podem saber se a sua permanência no Purgatório será demorada ou não, nem quais as etapas por que passará a sua purificação. O conhecimento que têm da sua situação limita-se à certeza de não terem sido abandonadas por Deus e pela Santa Igreja. São incapazes de outra coisa que não uma cega submissão às exigências da Santidade de Deus[12].

---

(12) "É preciso lembrar-se sempre da precisão infalível da Justiça divina, permanentemente acompanhada da

Apesar de tudo, há como que consolações no Grande Purgatório. A mais importante é que a alma sabe com uma certeza total que está salva, verdade que é para ela fonte de consolação e de paz, de reconhecimento para com Deus e do desejo de glorificá-lo: são breves clarões e vislumbres no meio do fogo, como as fagulhas de uma forja. Há, pois, nesse fogo como que ecos longínquos da alegria que espera a alma no Céu e que avivam nela o desejo de Deus. Aliás, esse próprio desejo de ver a Deus é para ela causa de sofrimento, por

---

sua misericórdia. A justiça exige que as penas do Purgatório sejam dosadas segundo o grau das faltas que se devem purificar. Pode acontecer que, tendo vivido no crime, um homem faça no último momento tais atos de fé e de amor, que expie num instante todas as suas culpas, como foi o caso do Bom Ladrão, a quem Nosso Senhor disse: «Hoje mesmo estarás comigo no Paraíso» (Lc 23, 43). E pode acontecer o contrário: que a pessoa tenha evitado o inferno por um triz e por isso lhe seja imposta uma longa expiação antes de entrar no Céu. Entre o grau mais alto de culpabilidade e o menor, estende-se uma gama de graus que dificilmente se pode averiguar (P. Monsabré, cit. por J. Joubert e L. Cristiani, *op. cit.*).

não perceber de todo até que ponto Deus a ama.

Quanto aos sufrágios da Igreja militante pelas almas do Purgatório, elas não percebem absolutamente nada: são-lhes aplicados e têm por efeito abreviar a duração da pena, mas elas não o sabem.

Ao contemplar este mistério, rezei com fervor por essas almas sofredoras e pedi ao meu Anjo que acrescentasse às minhas súplicas a sua oração. O Anjo disse-me em tom muito sério:

Bem sabes que a mais pequena falta é uma ofensa infinita a Deus[13].

---

(13) "Não sabes, meu filho, que todas as penas que a alma suporta e pode suportar nesta vida são incapazes de castigar o menor pecado? O ultraje que me fizeste, a Mim que sou o Bem infinito, exige uma pena infinita. Por isso, quero que saibas que os sofrimentos desta vida não são dados como castigo, mas como modo de corrigir as ofensas que me fazem. A verdade é esta: expia-se com o desejo da alma, isto é, com a contrição sincera e o horror pelo pecado. A verdadeira contrição satisfaz ao mesmo tempo a culpa e o castigo, não por uma dor finita, mas por um desejo infinito. Deus,

Essas benditas almas também o sabem
e, no meio dos seus sofrimentos, não
cessam
de dar graças ao Altíssimo por sofrerem
penas tão leves.
Porque a pena é finita, e a ofensa é
infinita,
e muitas vezes não houve somente uma
ofensa,
mas um grande número de ofensas
infinitas!
Há no Grande Purgatório grandes
pecadores,
mas em geral encontram-se nele todas
as almas
que receberam muitas graças
e não souberam corresponder-lhes,
almas que tiveram responsabilidades
graves
e não foram capazes de fazer-lhes face.

---

que é infinito, que é amor infinito, quer uma dor infinita" (Santa Catarina de Sena, *Diálogos* III.).

João Paulo II, na Enc. *Dives in misericordia*, aprofunda nesta questão e enfatiza que Deus, mais do que exigir um "desejo infinito", espera que recorramos à sua infinita misericórdia.

É por isso que verás no Grande
  Purgatório
um número muito grande
de padres e de almas consagradas,
de prelados, bispos, cardeais e mesmo
  papas.
Verás também muitos dirigentes
  políticos,
chefes de Estado, reis, imperadores,
  governantes.
Todas essas pobres almas têm de sofrer
as penas do Grande Purgatório
ao lado de criminosos, de devassos,
de todos os grandes pecadores
que a Misericórdia divina salvou,
e que puderam — frequentemente à
  última hora —
escapar ao Abismo eterno...
Reza, reza muito e faz rezar por essas
  almas!
Rezai também especialmente pelos
  vossos dirigentes,
porque têm contas estritas a prestar a
  Deus.
Permanece em paz, não temas, sê fiel!

Quando terminaram essas luzes, o mistério do Grande Purgatório fechou-se sobre si mesmo, enquanto se elevava um cântico de vozes com acentos de imensa tristeza: "A minha alma tem sede do Deus vivo: quando irei e verei o seu rosto?" (Sal 42, 3).

Depois, todas essas coisas desapareceram do meu olhar interior. Verifiquei que a minha pele ardia como se estivesse debaixo dos raios do sol, e que as minhas mãos e os meus lábios se gretavam. *Deo gratias!* O Senhor permite às vezes estes sinais exteriores, muito secundários, para dissipar as dúvidas que tentam insinuar-se no meu espírito. São sinais desagradáveis ou mesmo dolorosos, mas constituem uma pequena oferenda por essas benditas almas do Purgatório: talvez esteja sobretudo nisto o seu sentido e valor.

Visão do Purgatório Médio

Tarde da noite, quando me encontrava em silêncio e solidão para rezar um pouco pelas almas do Purgatório, vi milhares de outras almas que padeciam o suplício do fogo, mas não de um modo estático como ontem. Pareceu-me observar nelas como que um movimento discreto — quase insensível nas suas manifestações —, um começo de caminhada para o Céu, um impulso interior que as levava ou mesmo impelia para Deus. Era um movimento imprimido pelo Amor infinito, como se Deus se inclinasse sobre elas para atraí-las a si. Tudo isto é difícil de explicar.

Compreendi que se tratava do *Purgatório Médio*. Nele, as almas estão sós, mas numa indizível esperança, que é a sua consolação. É-lhes permitido aperceber-se de Deus nas suas misericórdias, ao contrário do que se passa no Grande Purgatório, onde se encontram numa esperança árida. É verdade que passam pelo fogo doloroso da purificação, mas ao mesmo tempo esse fogo dá-lhes luzes que as consolam e lhes permitem glorificar a Deus: não apenas abandonando-se passivamente ao Querer divino, mas como que tomando a iniciativa de louvá-lo. É um estado de grandes sofrimentos e de grandes consolações: essas almas são violentamente atraídas e ao mesmo tempo firmemente retidas. Creio que, quanto mais a alma é atraída para Deus, tanto mais arde nela e lhe causa sofrimentos mais vivos o desejo de possuí-lo. O sofrimento de amor torna-se mais impetuoso e ardente, enquanto as penas dos sentidos vão desaparecendo progressivamente.

A primeira das consolações que as almas do Purgatório experimentam é a percepção que têm da infinita ternura de Deus por elas. Percebem os impulsos do Amor divino que as atrai, sentindo-os como júbilo e sofrimento no íntimo delas próprias. Cresce nelas a caridade, não em si, mas nas suas aplicações, porque de algum modo lhes são mostrados de tempos em tempos os sufrágios que lhes são aplicados, as orações e boas obras que sobem da terra até o Trono da Trindade divina e que lhes são destinadas.

Outra consolação é a que lhes provém das frequentes visitas que, segundo me foi mostrado, recebem da Santíssima Mãe de

Deus, que vem para reconfortá-las, assisti-las e sobretudo trazer-lhes a esperança da qual Ela é a doce Mãe. Não é difícil supor que essas visitas da Virgem Maria se dão sobretudo em cada um das suas festas, nas quais Ela liberta grande número de almas e as leva consigo para o Céu.

Outra consolação ainda é a que lhes causam os seus Anjos da Guarda e os seus santos padroeiros, que as exortam à paciência e à paz.

Também me foi mostrado que essas almas podem receber permissão do Senhor para se manifestarem a nós aqui na terra, quer para nos fazerem descobrir o mistério do Purgatório, quer para nos convidarem a orar, ou ainda para nos advertirem de certos perigos que nos espreitam. São manifestações que conhecemos mal e que às vezes nos parecem comunicações com o além, como se pretende fazer crer nas sessões de espiritismo tão em voga — uma crença baseada na vontade de consolar-se, na curiosidade e na mentira... Mas são intervenções das almas do Purgatório.

O meu Anjo da Guarda esclareceu-me docemente:

Podes contemplar o Purgatório Médio,
que é um estado menos terrível que o
anterior.
São muito raros os que não passam
pelo Grande Purgatório,
por um minuto, por anos ou mesmo
séculos.
Mas depois a alma põe-se em
movimento para Deus,
que a arrasta no seu impulso de amor
infinito.
É então que passa para o Purgatório
Médio,
onde se vê atraída pelo amor infinito de
Deus.
Porém, não vê esse Amor só nela,
mas também na Igreja inteira.
No Purgatório Médio, a alma sai de si
mesma
e descobre o que significa pertencer à
Igreja.

Quando a visão do mistério desse Purgatório Médio desapareceu no meu interior, ouvi vozes que cantavam de longe: "Senhor, todos os meus desejos estão diante de Ti. Não se oculta aos teus olhos o meu gemido" (Sal 38, 10).

Visão da antecâmara do Céu

Após a oração, o Anjo fez-me ver a Antecâmara do Céu, que é como o cume do Purgatório, um mundo de luz e paz. Foi-me manifestada uma espécie de fogo muito brando, de uma intensidade e profundidade indizíveis, imerso na luz que jorra do Céu. Vi milhares e milhares de almas em oração, calmas, mergulhadas num amor e sofrimento inauditos. Invadiu-me uma doce serenidade e eu rezei em silêncio.

Não se pode dizer por palavras o que é esse estado. É o sofrimento do amor no seu auge, um nu sofrer de amor, o júbilo mais suave aliado ao sofrimento. Não há nele outra pena senão esta. O Amor entrega-se a essas almas e elas só quereriam corresponder-lhe, mas não são capazes de fazê-lo plenamente. Derrama-se nelas todo o Amor, mas não lhes é possível recebê-lo. Sofrem com a sua incapacidade e encontram-se numa espécie de agonia. Mas assim o sofrimento e o amor se unificam nelas, numa simplicidade que será total quando o último átomo do que é ainda sofrimento e desejo for consumido no Amor do Céu que se aproxima, embora não saibam quando chegará o momento.

Nessa Antecâmara, experimenta-se um antegosto do Céu. As almas sentem mais intensamente a presença junto delas dos Anjos da Guarda, e são mais favorecidas por São José, pelo Arcanjo São Miguel — que é o grande Anjo do Purgatório — e sobretudo pela Virgem Maria, que as consola na esperança. Pareceu-me que têm tudo o que há no Céu, menos a visão e a posse de Deus.

Vi também que, nesse estado, as almas recebem luzes sobre a situação e as necessidades da Igreja militante e pedem a Deus pelas nossas intenções. Rezam por nós muito mais do que nós por elas, com uma extraordinária solicitude.

O meu Anjo disse-me:

Contemplaste a Antecâmara do Céu.
As almas avançam nela rumo à
  Jerusalém celeste.
Passam lá mais ou menos tempo,
mas nunca como nos estágios
  anteriores,
porque a intensidade do amor que
  experimentam
constitui uma rápida e última
  purificação.

Essa visão interior desfez-se e, enquanto eu permanecia em ação de graças, ouvi as almas cantarem em voz suave: "Senhor, Vós preservastes a minha alma da morte, para que eu ande diante de Vós na luz dos vivos" (Sal 56, 14).

Visão de esperança e de paz

Festa de São Pascoal Bailão, o santo da Eucaristia. Na Missa, rezei particularmente pelas almas do Purgatório e, na ação de graças, fiz a Via-Sacra por intenção delas. No fim, o Senhor mostrou-me interiormente imagens surpreendentes.

Tornei a ver essa chuva de almas que, na sua maioria, iam para o Purgatório, num silêncio extremamente sereno. Vi ao mesmo tempo milhares e milhares de almas que saíam do Purgatório como estrelas fulgurantes e entravam na glória do Paraíso circundadas de luz... Era como um balé extraordinário, um resplendor de luz, amor e graça.

Não creio que seja desrespeitoso comparar o Purgatório a uma colmeia de ouro situada no jardim de Deus e animada de um incessante vaivém. Colmeia de expiação onde as almas elaboram o mel da glória celeste, graças à oração da Igreja, e de onde voam para o Céu para todo o sempre.

Foi-me mostrado que há muito mais almas no Purgatório do que no inferno. Mas infelizmente este está muito povoado: não se pode fazer ideia do número impressionante de almas que se perdem! E se a certeza de que são mais os eleitos que os condenados nos deve consolar e levar a dar graças a Deus, não nos deve fazer esquecer que o inferno existe e que são muitas as almas que se perdem: se os homens tivessem consciência disso, mudariam radicalmente de vida... O meu santo Anjo da Guarda disse-me:

Um número de almas sempre crescente
perece nos abismos do inferno eterno...
O perigo de vos condenardes aumenta
   sem cessar
por causa das aberrações do vosso
   modo de viver,
daquilo que vós chamais, com tanta
   cegueira
como vaidade, conquistas da
   civilização.
Porventura será um progresso que a
   sociedade
dê mais importância ao que passa,
às satisfações efêmeras e enganosas,
do que às verdades eternas e à vida da
   alma em Deus?

Não existe uma alma em dez
que trabalhe pela sua salvação.
E especificou profeticamente um
aspecto:
Estais diante de um período muito
grave,
por causa dos atentados que se
perpetram
contra a vida e contra as próprias
fontes da vida.

Mostrou-me então uma chuva densa de almas que subiam numa espécie de claridade muito doce. E eu compreendi que eram as centenas de milhares de nascituros voluntariamente mortos no seio de suas mães. Esses pequenos inocentes não vão para o Céu, mas para o lugar tradicionalmente chamado limbo, onde há uma forma de felicidade que, no entanto, não é a visão beatífica. É para o limbo que vão os que não conheceram a vida fora do seio materno, como também os que morreram sem terem sido batizados. O limbo é como o Céu da inocência, onde todas essas pequenas almas, sem o saberem, gozam de uma felicidade limitada. Penso que no fim dos tempos o limbo será integrado no Céu. Todos esses seres cantarão a glória de Deus por terem recebido a vida e, por isso, participarem da Vida, que é dom de Deus.

Essa visão entristeceu-me[14], mas o Anjo animou-me antes de desaparecer:

---

(14) Chama-se "limbo dos Patriarcas" ou "Seio de Abraão" ao lugar onde estavam os justos da Antiga Aliança antes da vinda de Cristo e da realização da salvação dos homens pelo Sacrifício da Cruz. Nesse lugar, os justos não sofriam, mas o seu descanso era incompleto, pois não gozavam da visão beatífica. O mistério da Redenção fez com que todos os justos deixassem esse lugar para entrar com Jesus na sua glória.

Não se deve confundir o Seio de Abraão com o "limbo" para onde, segundo uma tradição, amplamente apoiada no ensinamento comum, vão as almas das crianças mortas sem terem sido batizadas. Mas é importante notar que o *Catecismo da Igreja Católica* não faz nenhuma alusão a essa tradição, contentando-se com declarar: "Quanto às crianças que morrem sem Batismo, a Igreja só pode confiá-las à misericórdia divina, como faz no rito de exéquias por elas. Com efeito, a grande misericórdia de Deus, que quer que todos os homens se salvem (cfr. Tim 2, 4) e a ternura de Jesus pelas crianças, que o fez dizer: «Deixai que os pequeninos venham a mim e não os impeçais»

A santidade de Deus tem grandes
  exigências.
Esqueceis com demasiada frequência
  que
fostes criados à imagem e semelhança
  de Deus,
que fostes resgatados pelo Sangue de
  Cristo!
Mas a Trindade divina vai suscitar
  entre vós
um exército de santos, inúmeros
  adoradores,
que desprezarão os vãos atrativos do
  mundo
para se dedicarem unicamente a
  glorificar Deus,
e para trabalharem no silêncio e na
  oração
pela salvação de todos os seus irmãos.

(Mc. 10, 14), permite-nos confiar em que existe um
caminho de salvação para as crianças que morrem
sem Batismo. Por isso, é ainda mais premente a chamada da Igreja para que não se impeça que as crianças venham a Cristo pelo dom do santo Batismo" (n.
1261).

Sim, a Misericórdia divina tocará
  muitas almas
que fecharão os ouvidos aos clamores
  do mundo
e ouvirão por fim os apelos à conversão
que o Senhor não cessa de vos dirigir.
E com o único desejo da glória de
  Deus,
as santas almas do Purgatório
  trabalham para obter-vos
essa floração de santidade para o tempo
  que chega...
Havereis de vê-lo mais tarde.

Foram palavras que me deixaram na paz e na consolação. Oxalá as nossas orações apressem essa floração de santidade!

O estado da alma no Purgatório

Na minha oração da tarde, em que meditava numa passagem do Evangelho, vi de repente aparecer-me interiormente o meu Anjo da Guarda, que, depois de ter dito "Louvado seja Jesus Cristo!", estendeu a mão para uma luz brilhante e me fez ver como que diamantes cobertos por uma ganga espessa; uma chama de fogo incidia sobre essa ganga e a eliminava progressivamente, descobrindo gemas preciosas que se punham a resplandecer em toda a sua pureza. O Anjo disse-me:

Esta imagem pode fazer-te compreender
o mistério das almas do Purgatório.
Uma alma do Purgatório encontra-se
  estática
no seu grau de santidade e amor:
está confirmada em graça e é santa.
A sua caridade não cresce mais,
mas ela se descobre a caminho da sua
  plenitude.
É por isso que vês as almas como
  diamantes
perfeitos, puros, resplandecentes[15].

---

(15) No Purgatório, as almas gozam da certeza de chegar à visão gloriosa e de já não poderem pecar. É em virtude desta confirmação na graça que a Igreja costuma chamá-las "as santas almas do Purgatório". Acrescentemos também que já não podem merecer:

No juízo particular, a alma
vê-se livre de todo o pecado e
   imperfeição;
apenas permanece a dívida do seu
   pecado,
quer dizer, a pena que deve sofrer em
   expiação.
Essa pena é representada pela ganga
   que envolve
o diamante, mas que lhe é exterior;
a pena não atinge a alma nem a fere,
obstaculiza-a e causa-lhe sofrimentos
   expiatórios.

A pena está sobre a alma, e não nela,
embora a alma sinta os seus efeitos[16].

---

encerrou-se para elas o tempo do mérito e a sua caridade já não pode crescer. O grau de glória de que gozarão no Céu corresponde ao grau de caridade que tinham atingido no momento do juízo particular. Estas verdades, que acabamos de recordar muito sucintamente, são apresentadas pelo conjunto dos teólogos como muito seguras.

(16) Segundo uma fórmula feliz do Cardeal Journet, "a pena segue o pecado como a sombra segue o corpo". A noção de pena é complexa: é o salário do pecado, ou,

E o Anjo prosseguiu:

No Purgatório, a alma está fixada na
caridade

e inteiramente submetida à Vontade de
Deus,

sem ter outro desejo que não essa
Vontade.

Entra no Purgatório por vontade
própria,

porque de algum modo a impele o seu
amor

---

dito de outro modo, algo que o pecado merece. Após a
morte, a alma expia no Purgatório a pena temporal que
deve à Justiça divina e que é constituída pelos sofrimentos do Purgatório, aceitos com paciência e amor.
Mas esta aceitação, para falar com propriedade, já não
é uma satisfação, pois já não é meritória. Fala-se antes
a este propósito de *satispaixão*. A alma sofre amorosa-
mente a purificação que a liberta da sua dívida para
com Deus, mas não a assume espontaneamente, como
faria na terra pelo ato meritório que é a satisfação. Por
isso, "não merece a diminuição ou atenuação da pena,
mas só a obtém quando a dívida é paga ou abreviada
pelos sufrágios dos vivos" (Garrigou-Lagrange, *op. cit.*,
pág. 239).

pela glória de Deus, pela sua santidade
e justiça.

Vi de modo intelectual que as almas do
Purgatório experimentam uma certa forma
de alegria, porque são felizes por glorificarem a Deus e anteporem essa glorificação
ao seu interesse imediato. O meu Anjo
precisou-me:

Essa felicidade das almas é como
um gosto antecipado da
bem-aventurança eterna.
Não estão resignadas, mas absorvidas
por Deus
e muito ativas no serviço ao seu
Nome,
à sua glorificação,
embora à custa de um enorme
sofrimento.
Têm a certeza de que o Purgatório não
é eterno
e de que lhes é prometida a visão
definitiva de Deus.

Por isso a sua dor causa também a sua
felicidade,
e a sua alegria é igualmente a sua
pena[17].

Não é que a alma adquira um resplendor superior ao que possuía ao entrar no
Purgatório, mas esse resplendor estava
como que velado pela ganga.

---

(17) "Os sofrimentos do Purgatório são voluntários
no sentido de que as almas os encaram como meio de
glorificarem a Deus pagando a sua dívida para com a
Justiça divina, e de chegarem à visão beatífica, cujo
desejo as consome. A alma sabe que a pena que sofre
é purificadora e que terá um fim. Está em paz, inteiramente abandonada nas mãos de Deus" (São Tomás
de Aquino, *S.T.*, Suplem. Q. 70 ter, a 4.).

Recordemos brevemente os ensinamentos da Igreja
a este propósito; as almas do Purgatório estão seguras
da sua salvação; o seu Céu está garantido, mas, pelo
seu estado, já não podem adquirir méritos; na outra
vida, não se pode merecer (verdade muito certa, re-
cordada por Leão X contra Lutero); as almas do Purgatório atuam livremente, e não se encontram em estado de letargia (Declaração do Santo Ofício contra
Rosmini, 14-12-1887); as almas do Purgatório não têm
nenhum sentimento de angústia ou de horror (Leão X
contra Lutero).

O Anjo acrescentou:

As almas do Purgatório estão fixadas
no grau de santidade e perfeição
que será eternamente a que possuirão
no Céu.
O Purgatório é o reino da divina
caridade.
E as almas experimentam essa
caridade,
tanto para com Deus
como para com os que estão na terra.
Conhecem-se entre elas
e sabem-se todas unidas e atraídas por
Deus.
Pedem umas pelas outras e pedem por
vós,
seus benfeitores.
A sua oração ordena-se somente
para a glorificação de Deus,
não para as suas necessidades pessoais,
e, se pedem para ser libertadas do
Purgatório,
é para Deus ser glorificado pela sua
libertação.

Não é que peçam para que os
   pecadores na terra
se convertam ou as almas se
   santifiquem,
mas para que Deus seja glorificado
por essa conversão e santificação.

O Anjo precisou este ensinamento
esclarecendo-me sobre as maravilhas do
Amor divino:

O Amor é um só. A caridade não é
   senão
o exercício por parte dos homens
do amor de Deus que se derrama neles,
que se entrega a eles, que os ilumina.
Desta grande realidade, nem sempre
   tendes a certeza,
mas, pelos seus grandes
   conhecimentos,
as almas do Purgatório sabem-no
   muito bem.
Amam-vos e amam-se verdadeiramente
   entre elas
em Deus e por Deus.

Nunca esqueças que o amor ao
   próximo
procede do Amor de Deus.
Mas com frequência os homens
   inventam
os seus modos de exprimir o amor
e desfiguram o dom de Deus,
   apropriando-se dele.
Ora só Deus é a fonte de todo o amor,
porque Ele é o Amor.

E prosseguiu:

As almas do Purgatório encontram-se
sob a luz do Amor divino.
Têm assim grandes conhecimentos,
   mais rápidos e
mais completos que todos os que
   podeis ter na terra.
Conhecem o mistério da morte,
porque o experimentaram;
conhecem o mistério da eternidade
e da imortalidade da alma,
que experimentam atualmente;
conhecem, para além da fé, a existência
   de Deus,

a da Virgem Maria, dos santos e dos
anjos.
Conhecem perfeitamente o Amor de
Deus,
as faltas que cometeram contra esse
Amor,
e são conscientes do seu estado de
expiação.
Todos esses conhecimentos levam-nas
sempre
a entregar-se mais a esse Amor que
atua nelas,
a acolhê-lo com grande paciência,
a dar graças por meio da oração
e a promovê-la por todos os meios.

Tudo isto parecia-me tão claro, tão límpido! Deus é tão simples! Mas o Anjo repisou:

No Purgatório, as almas estão
em estado de necessidade e de
receptividade,
mas abandonadas por inteiro ao amor
de Deus.

Este duplo estado, por paradoxal que
   pareça,
é consequência do fogo do Purgatório,
fogo que lança essas almas na dor e na
   alegria.
A sua dor pede uma consolação;
a sua felicidade, o dom de si mesmas.
Tu verás sempre no Purgatório,
   indissociáveis,
o fogo da justiça e a luz da
   misericórdia,
uma realidade simultaneamente
   terrível e consoladora.
Compreendes assim como é preciso
pedir pelas almas do Purgatório?
Mas há poucas pessoas que pensam
   nisso,
poucos sacerdotes que oferecem
as suas missas por essas almas.
É necessário reavivar em todos
a preocupação por rezar por essas
   almas
e recordar-lhes que a comunhão do
   santos é uma

realidade e que por isso devem estender

a elas a sua caridade[18].

O exercício da fé no Purgatório

Oração da manhã. A minha alma sentiu-se arrebatada pela imensidão do amor divino, um oceano de suavidades indescritíveis em que eu me perdia totalmente: repousava no Senhor num júbilo inefável. Mas ao mesmo tempo experimentava uma dor dilacerante, como que uma frustração

---

(18) "Desde os primeiros tempos, a Igreja tem honrado a memória dos defuntos e oferecido sufrágios em favor deles, particularmente o Sacrifício Eucarístico, para que, uma vez purificados, possam chegar à visão beatífica de Deus. A Igreja recomenda também as esmolas, as indulgências e as obras de penitência em favor dos defuntos" (cfr. *Catecismo da Igreja Católica*, n. 1032): «Socorramo-los e façamos comemoração deles. Se os filhos de Jó foram purificados pelo sacrifício de seu pai (cfr. Jó 1, 5), por que duvidar de que as nossas oferendas pelos defuntos lhes levam alguma consolação? Não hesitemos em socorrer os que partiram e em oferecer por eles as nossas orações» (São João Crisóstomo, *Hom. in 1 Cor 41, 5)*".

por perceber as limitações da minha fraqueza e a minha incapacidade de possuir plenamente esse amor, embora o tocasse de algum modo. Era como se a minha alma tivesse sido cortada em duas. Jesus pediu-me que oferecesse essa graça, simultaneamente suave e dolorosa, pelas benditas almas do Purgatório. Eu protestei-lhe: "Por quê, Senhor? Bem-aventuradas essas almas pelas quais pedis que ofereça este amor. Elas sofrem muito, sem dúvida, mas pelo menos vos possuem e ninguém vo-las pode arrebatar: elas possuem-vos definitivamente".

Então o Senhor anunciou-me que durante três dias a minha alma ficaria submersa no estado do Purgatório. E assim foi.

Era uma tortura inaudita. Fruía de Deus numa fome de posse incompleta e despedaçadora. Parecia-me possuí-lo como que através de um véu misterioso, presença e dom de Amor que me fazia tremer. Encontrava-me como que diante de uma cortina de luz, por trás da qual estava o meu Amor, desejando entregar-se e estendendo-me as mãos, sem que eu tivesse a possibilidade de alcançá-lo, possuí-lo, estreitá-lo. Tinha a alma partida em duas.

Durante todos esses dias, pensei que ia morrer por causa desse duplo estado, já que as potências da minha alma estavam como que despedaçadas: por um lado, o véu da fé rasgara-se e dera-me acesso a numerosas realidades ocultas cuja existência experimentava; por outro, sentia a impossibilidade de alcançar esse Amor em plenitude e fruir dele. Experimentava a misteriosa existência de Deus, mas não o via.

Ao chegar a noite, o Anjo da Guarda disse-me:

Por essa experiência, o Altíssimo
  permitiu-te
conhecer em ti a condição das almas do
  Purgatório.
Nelas, a fé subsiste em parte,
porque não foi substituída pela visão
  beatífica.
Essas almas não veem a Deus;
apenas vislumbram a sua misteriosa
  presença.

No momento da morte, o véu da fé
só se rasga por completo
para as almas introduzidas
   imediatamente
na glória da visão de Deus face a face.
Para as que devem passar pelo
   Purgatório,
subsiste parcialmente[19].
Em todo o caso, essas almas têm um
   conhecimento
experimental de muitas realidades
   sobrenaturais

---

(19) No Purgatório, a alma encontra-se em estado de termo, porque não pode merecer nem aumentar a sua caridade. Mas está também "em caminho", *in statu viae aliquo modo*, diz São Tomás de Aquino (*S.T.*, Suplem. Q. 70 ter, a. 6 ad 5). Não vê Deus face a face, embora se aproxime dEle cada vez mais. Sem ter a visão de Deus, há nela uma obscuridade suficiente para dar lugar à fé. O objeto formal da fé é "a Verdade primeira, na medida em que escapa à nossa visão" (*S.T.* IIa IIae Q. 4, a.1). Sob este aspecto, a alma do Purgatório ainda possui a fé. Adere à Verdade primeira sem vê-la, mas crendo nela. O modo da fé no Purgatório difere do da terra: é uma fé sem mérito. A alma do Purgatório adere à Verdade divina sob o poder de uma vontade que não pode optar porque já não possui o livre-arbítrio.

que para vós, na terra, permanecem
    ocultas.
Sabem que são imortais, que estão na
    eternidade,
como sabem que o Céu e o inferno
    existem.
Notam os efeitos da comunhão dos
    santos,
da intercessão da Virgem, dos anjos e
    santos,
cuja ação reconhecem.
A sua inteligência já não conhece
    dúvidas,
a sua vontade está fixada na pura
    Vontade de Deus
sem a menor hesitação.
Estão mergulhadas numa oração
    contemplativa,
num temor humilde e reverencial de
    Deus,
que elas sabem presente, mas não
    veem.
Ainda não o possuem
e esperam por esse momento numa
    espera de fé e dor

que lhes atiça o desejo e lhes causa
sofrimento.

O exercício da esperança no Purgatório

Desde a oração da manhã, mergulhei novamente nesse estado de Purgatório de que falei ontem. Tinha a impressão de ver a minha alma cortada em duas. No véu de luz que me envolvia, Deus deixava-se entrever, mas eu não o captava nem o possuía. Ele inflamava a minha alma com os mais violentos desejos, com essas primícias da união futura, tão dolorosas que me faziam desfalecer.

Ao longo do dia, a minha memória ficou como que atada a um imenso remorso por todas as minhas faltas: uma espécie de confissão interior em que todos os meus pecados me eram revelados, um por um. Desfilou diante de mim toda a minha vida, nas suas menores dobras, com as suas pequenas fraquezas, com as suas faltas graves, as suas hesitações, as suas complacências, as suas covardias. E a cada falta a minha alma gritava interiormente: "Ó meu Deus, cuidei tão pouco da vossa glória, desperdicei tantas graças!"

Mas ao mesmo tempo experimentava uma grande paz. Não tinha medo de ser reprovado por Deus, porque me parecia que o mais importante não eram as minhas faltas já perdoadas, mas a glória dEle; sentia uma sede devoradora dessa glória e desejava permanecer nesse estado de tortura o tempo que fosse preciso para que Deus fosse glorificado. A única palavra que me vinha aos lábios era:

Glória, glória, glória!
Deus é o Santo dos santos!
Glória, glória, glória!

No auge dessa sede da glória de Deus, o meu santo Anjo da Guarda disse-me:

Experimentas agora o grande mistério
  do Purgatório,

aquilo que, de certo modo, faz o
Purgatório:
o mistério da esperança[20].
Essa dor serena que sentes é a mesma
que leva as almas para o Altíssimo:
uma espera — purificadora e dolorosa
para a alma —
da revelação em plenitude de Deus na
visão face a face.
No Purgatório, a esperança vai-se
simplificando,
até expandir-se em espera radical de
Deus.
Espera pura e desinteressada,
na qual não há nem precipitação,
nem impaciência, nem contagem de
tempo:

---

(20) Como diz São Tomás, a esperança tende para
Deus como bem final que obter, e como socorro próprio de ajuda eficaz (*S.T.*, IIa IIae, Q. 17, a, 6 ad 3). No
Purgatório, a alma tende com todo o ardor para a
bem-aventurança eterna enquanto bem futuro e possível. Espera de Deus o Bem Infinito, que consiste no
gozo eterno de Deus. Fundamenta a sua esperança na
Misericórdia divina, que torna possível esse Bem; espera nada menos que Deus por Deus, exercendo assim
a virtude da esperança de modo perfeito.

pura espera da hora de Deus,
se bem que dolorosa, e quanto!
Nessa espera perfeita, a alma permanece
invariavelmente serena,
como que mergulhada numa dolorosa quietude.
Essa perfeita esperança é a do estado do Purgatório,
que não tem outro objeto senão Deus,
nem outro desejo senão a glória de Deus.
A alma sabe que o momento da sua libertação
está fixado pela Misericórdia divina,
sabe que foi a Justiça de Deus que o estabeleceu
para a maior glória do Altíssimo.
Por isso está em paz, na própria paz de Deus.

O exercício da caridade no Purgatório

Fogo ardente, abrasador! Milhares de almas abrasadas de amor. Uma doce luz

as envolve e penetra com um fogo intenso.
O meu Anjo disse-me:

> Isto é a Antecâmara do Céu, o cume do
>   Purgatório,
> onde as almas estão todas mergulhadas
> na pura atração do amor divino.
> É aqui também que os sofrimentos
> são mais vivos e mais densos.

Que alegria! Sofre-se por amor, sofre-se de amor, porque ali está a promessa do dom do Amor. Ama-se esse sofrimento que queima, experimentam-se vivas impaciências de ver a Deus, de possuí-lo, suspira-se, desfalece-se de amor. E o Anjo explica-me essa grande caridade do Purgatório:

> No Purgatório, as santas almas estão
> inundadas de amor de Deus
> e desfrutam desse Amor divino.
> Estão inteiramente voltadas para Deus,
> amam-no e manifestam-lhe o seu
>   agradecimento:
> agradecem por estarem salvas,

por terem sido confirmadas na graça
e já serem impecáveis,
capazes de adorar a Deus em espírito e
verdade.
Só no Céu gozarão da plenitude radiosa
do amor,
mas o desejo de vir a possuí-lo na sua
plenitude
já lhes causa um júbilo maravilhado.

Vejo esse Amor abrasando as benditas almas: o próprio fogo do Purgatório é esse Amor divino que invade e abrasa tudo. As almas tornam-se como carvões chamejantes, abrasadas pelo Amor divino, que as inflamam sem as consumir. O Purgatório é de algum modo essa chama do Amor de Deus que não se consome, que termina a sua obra nas almas entregues a Ele.

Vejo também que as almas do Purgatório amam o próximo muito mais perfeitamente do que nós na terra, porque o descobrem nEle. Aqui em baixo, regra geral, amamos mais facilmente os nossos irmãos e só depois Deus neles, devido à nossa sensibilidade, às nossas fraquezas e falta de fé. Mas as exigências do amor são outras: o nosso amor ao próximo deve ser a causa, o sinal, a manifestação e a medida do nosso amor a Deus. Isso acontece no Purgatório, onde o primeiro mandamento é de verdade "Amarás o Senhor teu Deus com todo o teu coração" [...], e o segundo, "Amarás o teu próximo como a ti mesmo".

A oração das almas do Purgatório

A linguagem com que as almas do Purgatório exprimem o seu amor ao próximo é a oração. O Purgatório é um mundo de oração, densa, contínua e gratuita, feita de oferecimento próprio e de amor aos outros. É por isso que esse mundo de oração amorosa goza de paz, de harmonia e de ordem. Pode-se, pois, dizer que não há maior alegria — fora a felicidade de estar no Céu — que a de estar no Purgatório.

Durante anos, eu não soube que as almas do Purgatório rezam por nós: pensava que elas sofrem a sua pena e mais nada. E, no

119

entanto, a sua oração, muito intensa e muito diferente da nossa, é incomparavelmente mais bela, mais funda, mais rica de harmonia e unidade, porque nela não se mistura nada de sensível como na nossa.

Essa oração é como uma efusão nelas da Caridade divina que as invade por completo, feita de extremo júbilo e de extrema dor, que é o estado em que se encontram. Penso que se pode fazer uma ideia desse estado evocando uma expressão de São Paulo, quando diz que exulta de alegria nas suas tribulações e provas. É muito misterioso, mas é assim.

Vi que as almas do Purgatório, na sua oração serena e desinteressada, que não pede por elas mesmas, têm em vista unicamente a glória de Deus; e a glória de Deus para a qual podem contribuir reside em fomentarem a expansão do Amor infinito por todas as almas que estão com elas, bem como pelas pessoas que conheceram aqui em baixo e por todos os membros da Igreja militante, cuja salvação eterna desejam ardentemente.

O Anjo falou-me da liturgia do Purgatório:

As almas do Purgatório unem-se de
modo particular
a todas as celebrações litúrgicas da
terra,
que marcam para elas um certo ritmo,
embora já não conheçam a medida do
tempo.
A liturgia que celebram,
baseada na adoração da justiça e da
santidade de Deus,
está estreitamente decalcada
nas manifestações litúrgicas da Igreja
militante.
Cada missa que se celebra na terra
pelas almas do
Purgatório, especialmente as do dia 2
de novembro,
contribui para livrar essas almas das
suas penas
e as faz dar graças a Deus
e a rezar pela intenção dos que rezam
por elas,

assim como pela conversão e
santificação
de todos os homens.
Desse modo, manifestam o zelo pela
glória de
Deus, que é de algum modo a sua única
preocupação.

Como é a oração das almas
do Purgatório

O meu Anjo disse-me:

Reza muito pelas almas do Purgatório,
que rezam tanto por vós[21].
A oração das almas do Purgatório é
perfeitamente

---

(21) São Roberto Belarmino, doutor da Igreja, no seu
livro *De Ecclesia quae est in Purgatorio* (II, cap. 15),
afirma, com base em Mac 15, 14, que as almas do Purgatório rezam por nós. Esta opinião é seguida por
Suárez, que a considera piedosa e provável. Na opinião de Dante, no Canto XI do *Purgatório*, essas almas
são capazes de rezar pelos vivos, e o fazem parafra-
seando a última petição do Pai-Nosso: "Não os deixeis
cair em tentação".

humilde, perfeitamente confiante,
perfeitamente agradecida.

É perfeitamente humilde porque essas almas santas

se sabem indignas da Misericórdia divina,

necessitadas de uma dolorosa purificação

para poderem conhecer Deus face a face.

É perfeitamente confiante porque têm a firme esperança

de alcançar plenamente a sua salvação,

na posse eterna de Deus.

É perfeitamente agradecida porque sabem

que já estão salvas

e porque, pela comunhão dos santos,

recebem inúmeros socorros infrangíveis

da Igreja Santa, do Céu como da terra.

Vê como a oração das almas do Purgatório é bela,

tão pura, tão serena, tão perfeita!

Meu Deus, se nós pudéssemos orar assim, com tanto fervor repassado de amor como o das almas do Purgatório!

Um manancial de alegria

Quando estava em oração esta tarde, tive uma visão clara e precisa, intelectual, do Purgatório. Apareceu-me em forma de um globo de fogo onde havia um perpétuo e intenso movimento. De vez em quando, saíam dele algumas almas que subiam ao Céu como estrelas fulgurantes; outras, ao contrário, saíam da terra como cometas escuros para entrar nele.

E via esse globo como que banhado por uma torrente de luz muito suave, que se derramava do Coração Eucarístico de Jesus em grandes ondas. Essa torrente foi-me mostrada como o rio infinito da Caridade divina que rodeia e invade o globo, incluído o Purgatório. Era como um manancial incessante de alegria e felicidade, muito belo e consolador. Compreendi como as almas do Purgatório se encontram totalmente imersas na Caridade divina e como se exerce no Purgatório a alegria do Amor divino. Luz, chama ardente que queima essas benditas almas para purificá-las.

Primeiro, vi como essas almas estão unidas no amor de Deus por uma terna caridade e por uma delicada compaixão que as incita constantemente a orar umas pelas outras, a alegrar-se quando uma delas parte para o Céu, a orar pelas recém-vindas da vida terrena, a repartir entre elas de algum modo os sufrágios que lhes chegam. Era muito emocionante! É um exemplo do que deve ser a nossa caridade fraterna aqui em baixo!

Depois, pude contemplar a alegria extrema dessas almas no seio da luz do Amor divino: já não estão na dúvida nem no temor, não conhecem a angústia nem a tentação, estão livres das ocasiões de pecado. Têm a certeza não só de não ofenderem mais a Deus, mas de glorificá-lo através dos rigores ardentes do seu estado; de certo modo, saboreiam já os frutos da sua salvação, experimentando as primícias. Tudo isto as cumula de alegria.

Vi também que têm a alegria inefável da esperança sobrenatural de virem a possuir Deus plenamente, embora agora só o entrevejam como através de um véu[22]. A esperança é para elas um estado permanente: por efeito da misericórdia de Deus, não têm nenhum temor de perdê-lo, nem nenhuma impaciência impetuosa por alcançá-lo. Numa suave alegria no meio das suas penas, esperam em Deus[23].

---

(22) Ricardo de São Vítor (+1173) escreveu em *Graus da Caridade*: "No Purgatório, o Senhor faz sentir a sua presença de uma forma que não mostra absolutamente nada da sua face. Derrama interiormente a sua doçura, mas não manifesta a sua beleza. Derrama suavidade, mas não mostra a sua luz. Sente-se, pois, a sua doçura, mas não se veem os seus encantos [...]. O seu fogo aquece, mais do que ilumina. Inflama bem a vontade, mas não ilumina o entendimento. Nesse estado, a alma pode sentir o Bem-Amado, mas não lhe é permitido vê-lo. Se o vê, é como no meio da noite, como por trás de uma nuvem, como num espelho, num enigma, mas não cara a cara. Daí o seu grito: «Senhor, fazei brilhar sobre o vosso servo a luz do vosso rosto»" (J. Joubert e L. Cristiani, *op. cit.*, pág. 201).

(23) "A Igreja do Purgatório está sujeita a um sofrimento que as palavras humanas não podem traduzir, mas tem o coração elevado por uma inesgotável alegria,

Vi também outra alegria muito delicada, que procede das numerosas visitas que, quando Deus o permite, fazem às almas do Purgatório a Santíssima Virgem, os anjos e os santos, para aliviá-las, animá-las, fortalecê--las e, finalmente, libertá-las, ou mais exatamente, para escoltá-las e acompanhá-las quando chega a hora da libertação.

Dentre todas essas alegrias, e no meio delas, a que mais se destaca e de algum modo encerra todas as outras, é a de que a alma do Purgatório está abandonada à pura Vontade de Deus e não quer senão o que Deus quer. É uma alegria incomparavelmente mais doce e suave do que tudo o

---

pois as almas sabem, com certeza sobrenatural, que foram salvas para sempre, e que cada momento de permanência no seu estado as aproxima do instante inefável em que lhes aparecerá a Glória de Deus e em que todos os seus desejos serão saciados [...]. As almas do Purgatório não gozam da segurança que dá à Igreja gloriosa, onde os eleitos não têm temor nem mesmo esperança, porque já têm a posse. Mas é uma segurança mais alta que a da Igreja militante, onde os justos têm apenas a certeza da esperança a respeito da sua salvação eterna, o que impede de excluir toda a razão de temor" (Cardeal Journet, *ibid*, nn. 301-302).

que se possa experimentar na vida terrena. Os momentos mais duradouros e mais intensos de felicidade na terra não são nada em comparação com a menor alegria do Purgatório[24].

Deus quis fazer-me entrever o reflexo do seu Amor, da sua Bondade infinita, no mistério do Purgatório. Ele quer alimentar as nossas almas com estas realidades sobrenaturais, que devem ser para nós objeto de uma contemplação fiel e amorosa.

---

(24) Uma aprazível segurança, desconhecida na terra, enche a Igreja do Purgatório de uma alegria que ultrapassa toda a compreensão: "Eu não creio — diz Santa Catarina de Gênova — que se possa encontrar um contentamento comparável ao que experimentam as almas do Purgatório, a não ser o que sentem os santos no Paraíso. E cada dia o contentamento dessas almas aumenta pela influência que Deus exerce sobre elas. É uma alegria que cresce à medida que o impedimento dominante se consome: o impedimento é a ferrugem do pecado; o fogo consome-a e ao mesmo tempo a alma descobre cada vez mais a influência divina. É como um objeto que está envolvido num véu espesso e por isso não pode receber a reverberação do sol. À medida que a ferrugem diminui, a alma descobre-se aos raios divinos e a alegria aumenta" (cfr. Cardeal Journet, *op. cit.*, nn. 301-302).

É por isso que quer que sejam escritas e conhecidas.

Ele pôs no meu caminho um sacerdote santo e homem de oração: pela sua direção firme e boa da minha alma, quis que, graças à minha obediência aos conselhos desse sacerdote, eu escrevesse tudo isto, apesar da minha repugnância em fazê-lo. Agora faço-o com gosto, porque sei que é para a glória do Senhor e para o bem das almas, sobretudo as do Purgatório. Oxalá estes textos possam contribuir para amar mais essas almas e fazer rezar ainda mais por elas.

Maria intercede

Hoje, véspera da festa da Apresentação de Maria no Templo, pude ficar uns minutos de joelhos diante da sua imagem na igreja, e falei-lhe espontaneamente, como um filho à sua mãe. Isso encheu-me de alegria. Não foi um monólogo, porque quem reza à Virgem, embora não ouça a sua voz nem as suas respostas, pode estar seguro de que Ela o escuta e mesmo responde: fala à alma sem ruído de palavras, de um modo indizivelmente suave, delicado e íntimo, Ela que é a Mãe do Amor Formoso.

Nesse momento, vi um quadro surpreendente: Jesus estava suspenso da Cruz, e, das suas chagas, escorria sangue e derramava-se sobre o Coração doloroso e imaculado de Maria, sem que uma só gota se perdesse. Desse coração maternal, brotavam dois largos rios, um que corria aos borbotões sobre a humanidade inteira e outro que caía em chuva abundante sobre o Purgatório. O Anjo disse-me:

Maria intercede.

Depois vi outro quadro: a Santíssima Virgem que, de pé diante do Trono de Deus, levantava a mão direita para o Senhor e abaixava a esquerda para nós. E, da terra, milhões de grãos de incenso eram trazidos pelos anjos e depositados na sua mão esquerda. De lá, passavam para o seu Coração em chamas e transformavam-se em volutas de fumo odorífero e rio luminoso diante do Trono de Deus: eram a nossa adoração e a nossa oração.

Parte desse odor e dessa luz banhava a Igreja Santa, desdobrando-se sobre cada alma como os raios do sol se desdobram em arco-íris. Outra parte dirigia-se ao Purgatório, onde pousava sobre cada alma como uma onda perfumada e refrescante, reconfortando-a e aliviando-a nas suas dores de purificação. O Anjo repetiu-me:

Maria intercede.

Ostensório da Verdade

E o Anjo prosseguiu:

As almas do Purgatório contemplam a imagem
da Santidade de Deus no Coração de Maria.
A Virgem imaculada é o Ostensório da Verdade.

Em Maria, as almas do Purgatório
imergem na Verdade,
bebem nEla a Verdade,
recebem do Coração da nossa Rainha
a grande fonte que procede do Coração
de Jesus,
que é a Verdade eterna
e da qual Maria é a medianeira.
Vós não o sabeis bastante,
mas as almas do Purgatório, que
mendigam amor,
que estão ávidas de verdade,
elas, sim, sabem-no muito bem.
Veem-se tal como são,
ainda carregadas das sequelas do
pecado,
e ao mesmo tempo contemplam
no coração eterno de Maria,
aberto sobre a Igreja inteira,
aquilo que vós esqueceis com muita
frequência:
o dom do Amor infinito.
Maria dá-vos Jesus.
É muito frequente que vos julgueis
ricos,

porque estais cheios de vós mesmos
e não prestais nenhuma atenção ao
dom da Mãe.
Mas as benditas almas do Purgatório,
que estão muito necessitadas,
recebem com imensa gratidão
o dom de Jesus em Maria.

Tesoureira e dispensadora das graças

Vi uma coisa extremamente consoladora. A Santíssima Virgem percorria o mundo e batia a todas as portas, ao coração de todos os seus filhos. Algumas vezes, por desgraça, não a queriam receber ou dormiam profundamente. Outras, porém, acolhiam-na e davam-lhe flores, velas, lágrimas, orações, de mistura com faltas e fraquezas.

Maria recolhia todas essas coisas e apresentava-as a Jesus, no seio da Trindade. E Jesus devolvia-as em grande parte à sua Mãe, embebidas no sangue e água do seu Coração trespassado. E então Ela partia para o Purgatório, e as nossas oferendas, banhadas no sangue e água do seu Filho, e nas suas próprias lágrimas e amor, derramavam-se como chuva benfazeja sobre essas almas e as consolavam. Fazia o mesmo com a Igreja militante, isto é, conosco.

Estava diante de uma simples imagem, mas era muito bonita e causou-me uma enorme alegria. O Anjo disse-me:

Vê como a nossa Rainha vos ama!
Ela é a Tesoureira e a Dispensadora das graças,
a grande Medianeira das graças.
Nunca lhe recuseis nada:
de tudo o que lhe dais, Ela faz
um tesouro para a Igreja Santa,
que para vós se transformará em dons de amor.
Na Igreja, há um incessante intercâmbio de amor
entre o Céu, o Purgatório e a terra,
e a Santíssima Virgem cuida ativamente
desse intercâmbio de amor.
Os santos e nós mesmos participamos também,

com a nossa Soberana,
desse intercâmbio, mas é Ela que faz a
unidade,
porque é a Medianeira do Amor.
Compreendereis estas coisas no Céu,
mas deveis vivê-las desde já aqui na
terra.

Não sabeis o que é o Purgatório

Depois de dizer comigo o Glória ao Pai, após a recitação de uma dezena do terço, o Anjo mostrou-se numa visão interior e disse-me:

Não sabeis o que é o Purgatório,
nem quanto as pobres almas devem
sofrer nele[25].

---

(25) No seu ofício de "auxiliadora das almas do Purgatório", Santa Verônica Giuliani (+ 1727) experimentou de uma maneira misteriosa e surpreendente a pena da privação de Deus que as almas sofrem: "É a pena das penas", escreveu ela. "A privação de Deus durou um instante, mas seria capaz de aniquilar-nos. Saber por uma luz interior que nos falta o Bem Supremo é o mal supremo" (*op. cit.*, pág. 293).

Se todos soubessem o que é,
o Purgatório esvaziar-se-ia em pouco
  tempo,
à força de orações e súplicas!
E como a vossa vida mudaria!
Mas muitos de vós escondeis o rosto,
não quereis gastar o vosso tempo
pedindo a Deus que vos ilumine a
  mente e o coração.
O Purgatório não é um mito,
é uma realidade que muitos devem
  experimentar:
se negardes a sua existência, correis o
  risco
de permanecer lá por muito tempo,
e mesmo de vos perderdes eternamente.
Se o contemplardes apenas pela
  imaginação,
é grande o perigo de que o
  experimenteis cruelmente.

Estas palavras fizeram-me estremecer.
O Anjo calou-se e olhou-me com uma gravidade impressionante. Pedi-lhe que me

mostrasse o que Jesus quer de mim, e ele disse-me:

Sabes muito bem: orar, fazer
  penitência,
santificar-te no silêncio,
no cumprimento dos teus deveres de
  estado,
incitar os teus amigos a fazer o mesmo
e pedir aos sacerdotes teus conhecidos
que deem a conhecer
este mistério tão negligenciado.
No fundo, não sabeis o que é o
  Purgatório.
Se o soubésseis, trabalharíeis muito
  seriamente
pela vossa salvação eterna
e rezaríeis mais por essas almas que
  sofrem tanto!

E acrescentou:

O tempo que vos foi dado na terra deve
servir-vos para preparar o vosso
  encontro

com Deus, com o vosso Pai.
Se compreendêsseis isto,
o Purgatório não existiria.

Mas o Senhor, conhecendo a nossa fraqueza, criou-o porque nos quer salvar. O Anjo repisou:

O Purgatório é uma obra-prima
da infinita misericórdia de Deus.
Se as almas se compenetrassem disso,
não teriam necessidade de mais
   nenhuma graça,
e o Purgatório desapareceria por falta
   de uso!
Se chegásseis ao termo da vossa vida
limpos de todo o pecado
e tendo pago na terra a dívida das
   vossas faltas,
o Purgatório deixaria de existir
porque iríeis diretamente para o Céu.
Deveríeis esforçar-vos por evitá-lo
e aproveitar o tempo que vos é
   concedido
para ansiar, por amor,
pela hora do encontro com Deus.

Ansiar por essa hora? Mas de que modo?
O Anjo respondeu-me:

É preciso amar,
abandonar-se totalmente ao Amor
   divino;
é preciso deixar-se transformar pelo
   Amor
até chegar a ser um perfeito
   instrumento do Amor.
Sabes como conseguirás isso?
Esforçando-te por cumprir todas as
   exigências
da pura Vontade divina, que é Amor.
Esta é a perfeição que te é pedida
e pela qual trabalharás de olhos postos
numa única coisa: a glorificação de
   Deus.
Para isso, é preciso rezar mais do que
   falar,
agir na caridade mais do que perorar,
enraizar-se no silêncio e na humildade
para só trabalhar na luz da fé,
no dinamismo da caridade
e na medida da esperança;

olhar só para Deus, e para Deus nos
outros.
Compreende bem o que te digo:
o único meio de evitar o Purgatório
não é fazer tudo para evitá-lo[26]
mas fazer tudo para ir para o Céu[27].

Perguntei-lhe o que entendia pela expressão "trabalhar na medida da esperança", e ele respondeu-me:

Uma alma que age na medida da
esperança

---

(26) Cfr. Santa Teresa do Menino Jesus: "Eu não teria querido nem sequer tirar uma palha do chão para evitar o Purgatório. Tudo quanto fiz foi para agradar a Deus e, por Ele, salvar almas" (*Novissima Verba*).

(27) Ainda Santa Teresinha, a uma alma temerosa: "Não tens bastante confiança. Tens demasiado medo de Deus, e isso aflige-o. Não temas o Purgatório por causa da pena que ali se sofre, mas deseja evitá-lo para agradar a Deus, que impõe com muito desgosto essa expiação. Procura agradar-lhe em tudo: se tens confiança inquebrantável em que Ele nos purifica em cada instante no seu amor, e não deixa em ti nenhuma mancha de pecado, tens de estar bem segura de que não irás para o Purgatório" (P. Filipe da Trindade, *op. cit.*, págs. 11-12).

é uma alma que só tem um objetivo:
Deus.
A esperança é uma humilde e confiante
espera
pela posse eterna de Deus.
Alcança a sua medida quando se exerce
de modo
simples e sereno, de modo verídico e
eficaz:
desprende a alma dos bens terrenos
e de todos os vãos prazeres e
satisfações;
suscita nela grandes de desejos de
santidade;
expande-se em confiança filial em Deus
e em perseverança final à hora da
morte.

Terceira Parte

ESTAVA PRESO E VÓS ME VISITASTES

"Sofro durante a noite pelas almas do Purgatório, e durante o dia pela conversão dos pecadores [...]. A prática da oração pelas almas do Purgatório é, depois da oração pela conversão dos pecadores, a mais grata a Deus".

Cura d'Ars

Não sejais curiosos

Ao termo de um prolongado ensinamento concedido por Deus a uma alma do Purgatório que expiava nele faltas graves, foi-lhe permitido manifestar-se a mim para que orasse pela sua libertação. Eis o que me disse:

Não tentes perscrutar
os desígnios da Justiça divina!
Os juízos de Deus não são como os dos
  homens,
e muitos se surpreenderão no dia do
  Juízo
de ver salvas pessoas que, por uma
  falsa ideia
da Justiça divina, elas teriam
  condenado à perdição,
e condenadas almas que chegaram a
  considerar santas!

Não sejais curiosos!
Rezai por todos os defuntos,
por mais brilhante que tenha sido a
  sua reputação
de piedade e mesmo de santidade.

A única coisa de que podeis estar
  seguros
é de que se encontra no Céu uma alma
que foi beatificada.
Quanto às outras, e mesmo para
  muitos

"servos de Deus", não há uma regra
  geral.
Muitas estão ainda no Purgatório e
  sofrem cruelmente,
porque não se zomba da Justiça divina.
Não hesites, pois, em rezar pelas
  almas,
ainda que se tenha aberto
o seu processo de beatificação.

No dia em que essa alma me apareceu, foi-me mostrado um grande número de almas que entravam na eternidade: a maioria no Purgatório, mas infelizmente também muitas que caíam no abismo da condenação eterna. Não digo nada sobre isto, porque o terrível mistério do inferno pertence ao segredo de Deus. De todas as almas que vi, só uma entrou diretamente no Céu[1].

---

(1) Santa Teresa de Ávila diz na sua autobiografia (cap. 38) que, entre tantas almas cujo destino eterno lhe foi revelado, apenas três tinham evitado o Purgatório. E o Santo Cura d'Ars não hesita em afirmar

Entre as almas que se encontram no Purgatório, vi pessoas de todas as idades e condições: adolescentes, pessoas maduras e idosos, sacerdotes e religiosos, bispos, papas, políticos, operários, artistas, ricos e pobres... Vi lá, com muita dor, membros da minha família e pessoas que conheci... Não queiramos temerariamente prejulgar sobre a sorte eterna de nenhum defunto. Enganamo-nos se imaginamos que a Misericórdia de Deus pode ser assimilada a uma espécie de paternalismo sentimental que para tudo encontra desculpas e justificativas. Oh não, não é assim! Oração, oração, oração.

Ao entrar numa igreja, tomei na concha da mão um pouco de água benta e, segundo o costume de certos países, espalhei-a pelo lajedo, dizendo ao Senhor: "Meu Deus, um pouco de água benta pelas

---

num sermão: "É verdade que há muito poucos eleitos que não tenham passado pelo Purgatório, e que as penas que se sofrem ali são superiores a tudo o que nós podemos compreender (*Sermões*, t. IV).

almas que sofrem no Purgatório". E vi que tudo, absolutamente tudo, pode beneficiá-las e ser-lhes aplicado a título de sufrágio: em primeiro lugar, a Santa Missa, porque prolonga o oferecimento de Cristo na Cruz e tem, por assim dizer, um valor infinito; depois, a oração por elas, como também os atos de piedade, de humildade, todos os sofrimentos e contratempos, todas as pequenas mortificações voluntárias, a aceitação da doença. Têm especial valor as obras de caridade, como as visitas aos doentes e a prática da esmola[2].

---

(2) Os fiéis podem ajudar as almas do Purgatório em função do vínculo da caridade que une os membros da Igreja, isto é, da comunhão dos santos: "Todos os fiéis unidos pela caridade formam um só corpo que é a Igreja. E, num mesmo corpo, os membros ajudam-se uns aos outros (São Tomás de Aquino, *S.T.*, *Suplem.* Q. 71, a. 1). Os sufrágios da Igreja "consistem em certas satisfações realizadas pelos vivos em nome e lugar dos defuntos, cuja dívida é assim paga no todo ou em parte pelas pessoas vivas (*ibid.*, Q. 71, a. 3, ad 6).) Os sufrágios não podem mudar o estado do defunto, mas contribuem para diminuir a sua pena e adiantam o tempo da sua libertação. Para que uma obra boa feita por um vivo seja útil a um defunto, um e

Mesmo quando rezamos por outra intenção concreta, podemos associar sempre a essa oração as almas do Purgatório. Isto não rouba eficácia aos nossos pedidos por essa intenção, antes pelo contrário! As almas do Purgatório não açambarcam nada, e o próprio fato de as associarmos às nossas intenções enriquece as nossas preces: a nossa oração ganha as dimensões da Igreja, desde a terra até o Purgatório e o Céu.

As almas do Purgatório amam-nos

O meu Anjo da Guarda disse-me:

As almas do Purgatório amam-vos!
Amam-vos em Deus, perfeitamente,
porque não estão absorvidas pela sua
    dor

---

outro têm que estar animados pela caridade, e que a boa obra realizada o tenha sido pela intenção do defunto. Esta intenção pode ser considerada como levada à prática pelo defunto. Os sufrágios são apresentados por ele à Misericórdia divina.

nem inibidas pelos seus sofrimentos:
Olham-vos em Deus e por Deus.
Não são sensíveis às vossas qualidades
só humanas,
que não têm nenhum valor no
Purgatório,
como não o têm no Céu.
O vosso único tesouro é o exercício das
virtudes,
a oração fiel e agradecida,
a correspondência às graças
que a Santa Madre Igreja põe à vossa
disposição.
Tudo o mais é vaidade
e será queimado no fogo da caridade
que vos deve abrasar no Purgatório.

O Anjo acrescentou:

Quando Deus lhes mostra, as almas do
Purgatório
veem que não o amais bastante,
que não trabalhais bastante pela sua
glória!
Por isso multiplicam as suas orações

pelos seus familiares ainda na terra,
pelos seus benfeitores,
por todas as almas que o Senhor lhes
    designa.

Perguntei-lhe de que modo essas santas
almas nos conhecem. Respondeu-me:

Já to disse, meu filho: na luz da
    Misericórdia divina.
O modo de conhecer que têm é muito
    superior ao vosso:
é comparável ao nosso.
Têm um conhecimento intuitivo
da Igreja militante e das suas
    necessidades,
nos limites que Deus permite.
Às vezes, Ele desvenda a essas benditas
    almas
os vossos pedidos, as vossas
    necessidades,
bem como os vossos sofrimentos.
E elas intercedem por vós, rezam por
    vós,
e vos obtêm proteção de ordem
    espiritual e temporal.

Com a permissão do Altíssimo, podem incitar-vos

a orar por elas, a reaquecer o vosso fervor,

a reavivar o vosso amor

e a proteger-vos de um perigo.

Tudo isto mostra como essas almas vos amam.

E, em correspondência, vós deveis rezar por elas,

praticar boas obras

e oferecer sacrifícios para aliviá-las.

Uma pessoa que queira verdadeiramente corresponder

a tanto amor, aliviando essas almas,

assistirá à Santa Missa todos os dias

e rezará especialmente por elas,

sobretudo no memento dos defuntos;

depois rezará o terço também todos os dias

e fará a Via-Sacra por essas benditas almas.

Estes são os três grandes meios para aliviá-las.

Ébrios de esperança

Tudo é calmo, sereno, nesta noite de inverno, e eu ofereço ao Senhor esta paz que tudo envolve e inunda a minha alma.

Vi então, mergulhadas num mar de fogo, inúmeras almas do Purgatório, entre as quais reconheci uma jovem que falecera pouco antes. Ela olhou-me com afeto, estendeu-me as mãos e disse-me:

Que a paz de Jesus e a doçura de Maria
estejam na tua alma.
Não fiques desolado por me veres aqui,
mas pede e dá graças a Deus.
Aqui, nós estamos ébrios de esperança,
ardemos no fogo divino,
mas atraídos pelo Amor.
Somos pacientes e felizes.
Não sei se ficarei muito tempo aqui,
e isso não me preocupa: nem penso
    nisso.
A nossa única preocupação é glorificar
    a Deus e,

se te procuro, é para que faças o
mesmo
pedindo por nós, que tanto vos
amamos.
Quando rezais por nós, glorificais o
amor divino,
cantais a sua misericórdia,
unindo a vossa oração à nossa.
Orai incessantemente por nós,
como nós oramos por vós.

A jovem desapareceu da minha vista interior, e o Anjo, que estava ao meu lado, concluiu:

Sim, meu filho, é preciso orar. Orar é
amar,
e a vossa oração é a manifestação do
vosso amor
por esse Deus que vos ama
infinitamente,
e por essas almas que vos amam e
rezam por vós
na sua dor e na sua esperança.

Estou salvo porque era bom

Neste primeiro dia do ano, solenidade da Mãe de Deus, sinto-me triste por causa de uma morte extremamente dolorosa que me afetou muito. A Santíssima Virgem derrama uma grande paz na minha alma e diz ao meu coração:

Sou Mãe, sou a tua Mãe, a vossa Mãe,
Tenho-vos no meu coração de Mãe.

Depois da Santa Missa, o Senhor mostrou-me o meu defunto numa espécie de túmulo rodeado de chamas. Eu podia vê-lo, mas não ele a mim. Eu precisava de rezar. Nesse momento, ele pôs-se de pé e estendeu-me os braços com uma espécie de contida e melancólica alegria. Eu, que não conseguia dominar o choro, não podia falar nem fazer-lhe um aceno. Disse-me:

Demos graças ao Senhor!
A sua misericórdia é infinita.
Vês? Estou salvo! Alegra-te, estou
salvo.

Como eu não parasse de chorar, repreendeu-me:

Não chores!
Tu deves ser a fortaleza dos nossos
    parentes:
deves assisti-los e consolá-los,
rodeá-los de maior ternura.
Sim, é necessário que sejas a fortaleza
    de todos eles.
E insistiu:
Não, não chores!
As tuas lágrimas aumentarão as
    minhas penas,
privar-me-ão das consolações
que a tua resignação e a tua alegria me
    merecerão.
Aqui já não se pode merecer,
mas tu podes oferecer os teus méritos
    por nós!
Bem sabes como esperamos as vossas
    orações,
atos de amor, pensamentos!
A vossa mais breve oração é para nós
como seria um copo de água

a alguém que morresse de sede no
deserto;

o menor pensamento, mesmo
fugaz,

é uma brisa suave neste deserto de
fogo.

Se soubesses tudo! Salvei-me porque o
Senhor

me preservou do orgulho,

do egoísmo e da mentira.

Mas o que mais me faz sofrer aqui

é que não cuidei de procurá-lo

com todas as minhas forças

e perdi o tempo.

Sim, Deus foi bom comigo.

Devo descobrir, adorar e amar aqui a
sua Bondade.

Tu deves ser uma alma forte e boa.

Dize a todos que sejam bons!

Deus é caridade; que a sua caridade
esteja em vós.

Rezai por nós, é uma obrigação para
vós,

um dever de caridade para com esse
Deus
a quem glorificais
e para quem nos impelis,
a nós que ardemos no desejo de
contemplá-lo.
Acaso sabes que a oração pelas almas
do Purgatório
é uma das vossas contribuições
para a unidade do Corpo Místico?
Que todos sejam um!
Que todos sejamos um no nosso
Único...

Essa alma olhou-me com uma grande
doçura, abriu os braços, olhou para o Céu
com júbilo e acrescentou:

Eu descubro as maravilhas do Amor
infinito!
O Amor chamou-me e agora vou para
Ele...
Ó meu Deus, todo o meu desejo está
diante de Vós.

E não escondi de Vós as minhas
   lágrimas,
Neste momento,
e como Vós me olhais, termino
dizendo-te a ti com o Sal 27, 14:
"Espera no Senhor, espera no Senhor.
Coragem! Que o teu coração seja
   firme!
Sim, esperemos no Senhor!"

As minhas esmolas salvaram-me

Enquanto rezava no meu quarto, vi aparecer diante de mim uma espécie de turbilhão de fogo e, sustentado por ele, um homem que eu tinha conhecido muitos anos atrás. Quando o reconheci, tive um movimento de surpresa e perturbação interior. Persignei-me e a paz invadiu a minha alma. Depois, perguntei a esse homem se queria repetir comigo: "Jesus, Maria e José, eu vos amo", e ele o fez.

Esse homem tivera em vida uma reputação espantosa. Não tinha fé e desprezava a religião. Levava um vida licenciosa, não tinha escrúpulos, era incapaz de uma boa ação, tratava duramente a família e os empregados; enfim, tinha todos os pecados. Morrera num acidente, sem ter tido tempo de receber os sacramentos, e numa pequena cidade as más-línguas correm depressa: tinham-se propalado numerosos comentários sobre a sua provável condenação eterna. Inconscientemente, eu tinha feito minhas essas opiniões. Consolou-me muito vê-lo no Purgatório. Tinha morrido havia mais de vinte e cinco anos. Olhou-me e eu sorri-lhe; rezei por ele e então exclamou:

Obrigado, meu filho, obrigado!
Se Deus permite que me manifeste a ti,
é porque quer aliviar as minhas penas
e permitir que eu seja consolado
depois de tanto tempo.
Ninguém rezou por mim na minha
família,
as pessoas das minhas relações
esqueceram-me.
Conheci um terrível Purgatório

que os meus pecados merecem.
Mas estou salvo, bem vês.

Senti-me feliz de vê-lo assim. Ele continuou:

Sabes o que me salvou?
As esmolas que dei,
os numerosos socorros que fiz chegar
a tantas pessoas necessitadas.
E muitas dessas boas pessoas a quem
    socorri
rezaram e rezam por mim,
sem saberem que fui eu que as socorri,
pois foram auxílios que lhes prestei
    anonimamente.
Já vês que nunca se deve julgar ninguém,
nem fiar-se das aparências.
Não queres rezar por mim
e pedir aos meus filhos que roguem por
    mim?

Prometi-lhe que o faria e ele mostrou-se feliz. Persignou-se e desapareceu de repente.

Festa da Apresentação da Santíssima Virgem no Templo

Vinha meditando no que tinha visto na véspera desta festa, quando a minha alma fora elevada à contemplação da Mãe de Deus, que abria o seu Coração Imaculado às benditas almas do Purgatório. E vi esse coração maternal como uma porta de ouro pela qual passavam numerosas almas para entrar no Coração de Jesus, que é o Céu do Puríssimo Amor. Livraram-se neste dia de festa das penas que tinham sofrido até então. Vi como vários santos do Paraíso lhes lançavam escadas de luz, pelas quais elas subiam para gozar da felicidade dos eleitos.

Vi a Santíssima Virgem apresentar ao seu Filho todas as almas libertadas neste dia, sussurrando-lhes ao ouvido, melhor, ao coração: "Fazei o que Ele vos disser".

Jesus mostrava-lhes o seu Coração trespassado e dizia-lhes: "Lede neste Coração que tanto vos amou o que deveis fazer no presente e para a eternidade". As almas liam com arroubamento: "Glória ao Pai, ao Filho e ao Espírito Santo pelos séculos dos séculos". Jorrava desse divino Coração uma bebida suave que apagava a sede, e elas bebiam com uma alegria extraordinária. O meu Anjo disse-me então: "Bebem em largos sorvos e para sempre o Puro Querer de amor da Trindade de Deus".

Foi uma visão interior extremamente reconfortante: tantas e tantas almas que subiam do Purgatório para a plenitude do Amor divino, elevadas na graça de Maria Imaculada para entrarem na Jerusalém celeste. Pareceu-me que todas as almas que concluem a sua purificação são como que incorporadas na graça da Virgem Maria e assim introduzidas na glória do Céu. Vi isso como uma manifestação da maternidade universal da Santíssima Virgem, que se estende a todos os seus filhos.

E vi que há um verdadeiro júbilo no Céu inteiro quando uma alma entra nele, um movimento de alegria que traduz o encontro da alma com o seu Deus; e que a alegria desse encontro no seio da

Misericórdia divina, sob o amparo de Maria, se estende em círculos concêntricos por todo o Paraíso. Isso fez-me pensar na alegria do reencontro do filho pródigo com o seu pai.

Depois tudo desapareceu e eu permaneci em recolhimento de ação de graças.

Apêndice

NOTA TEOLÓGICA SOBRE O PURGATÓRIO

Já nas suas origens, a Igreja, mediante as suas orações e sufrágios pelos defuntos, manifestou claramente a sua fé no Purgatório. Depois, com uma sábia lentidão, foi definindo a sua doutrina: no II Concílio de Lyon (1274), no Concílio de Florença (1438) e no Concílio de Trento (25ª. sessão, dezembro de 1563). Recordemos as grandes linhas desta doutrina tão luminosa e consoladora:

— No Purgatório, as almas dos justos pagam a sua dívida à Justiça divina sofrendo penas purificadoras. Observemos em primeiro lugar que a purificação do Purgatório não está ligada à falta, mas à pena. Se o perdão de Deus, concedido à alma arrependida, apaga a falta, não faz desaparecer a pena, que é o meio de o homem reparar a desordem que os seus pecados ocasionaram. Aqui, na terra, a alma sofre a pena sob a forma de uma penitência voluntária e meritória. No outro mundo, sob a forma de uma purificação obrigatória.

— Segundo a doutrina da Igreja, há duas espécies de pena no Purgatório. A principal é a privação temporária da visão de Deus, que é acompanhada por um sofrimento inaudito. Soou a hora da união e a alma arde em desejos de ver a Deus, mas não pode alcançá-lo, porque não expiou suficientemente os seus pecados antes da morte. Essa expiação conclui-se no Purgatório. Há nele outras penas chamadas penas dos sentidos, sobre cuja natureza exata a Igreja nunca se pronunciou. Têm por fim reparar o apegamento desordenado às criaturas.

— As penas do Purgatório não são as mesmas para todas as almas. Variam em duração e intensidade de acordo com o grau de culpa de cada um. As almas recebem serenamente os sofrimentos expiatórios, pois não procuram senão a glória de Deus e desejam ardentemente contemplar Aquele que é agora toda a sua esperança. Reina no Purgatório uma grande paz e uma alegria segura, pois as almas têm a absoluta certeza de que estão salvas, e veem as suas penas como um meio de venerar a Santidade de Deus e assim chegar à visão beatífica no Céu. Os sofrimentos do Purgatório já não são meritórios nem aumentam a caridade nos que passam por eles.

— A Igreja da terra pode socorrer com os seus sufrágios a Igreja "que padece em expiação no além após a morte" (Cardeal Journet), porque todos os membros de uma e outra Igreja estão unidos num mesmo amor em Cristo. Esta união cria a possibilidade de uma comunicação de méritos. Incapazes de alcançar por si mesmas o menor alívio, as almas do Purgatório podem, sim, aproveitar em favor delas as obras satisfatórias que os vivos realizam com a intenção de apagar-lhes as dívidas. É Deus quem regula segundo a sua sabedoria a aplicação dos sufrágios pelos defuntos.

A Missa é o socorro mais eficaz que a Igreja militante pode proporcionar à alma que se purifica. Porventura não é a Missa o Sacrifício oferecido por Jesus na Cruz para a salvação do mundo? As orações, as esmolas e todas as formas de sacrifício são igualmente meios para ajudar "as nossas boas amigas que sofrem" (Santa Margarida Maria).

— O Purgatório deixará de existir no Juízo final. Todas as almas destinadas ao Céu já terão oferecido, de uma forma ou de outra, o que devem à Justiça divina.

* * *

Tudo o que acabamos de dizer é o essencial dos ensinamentos da Igreja sobre o mistério do Purgatório. Devemos acrescentar que o Concílio de Florença não definiu se as almas são purificadas por um fogo real ou metafórico. A doutrina comum (ao menos na Igreja latina) admite a pena do fogo real, apoiando-se na autoridade de São Gregório Nanzianzeno e de São Gregório Magno. Mas a Igreja deixa aos teólogos o cuidado de trazer alguma luz sobre este e outros problemas secundários tais como: Onde se encontra o Purgatório? O pecado venial é perdoado no momento da morte ou no lugar da purificação?

Para as almas dos justos, o Purgatório é, pois, esse estado de sofrimento em que elas expiam a pena pela qual não satisfizeram neste mundo[1] (isto para os pecados mortais e veniais já perdoados). Os pecados veniais são perdoados no Purgatório quanto à culpa, se não o foram durante a vida[2].

A existência do Purgatório é verdade de fé. São Tomás de Aquino não vacila em

---

(1) São Tomás de Aquino, *S.T.*, suplem. q.70 ter art. 1.

(2) São Tomás de Aquino, *Compêndio*, cap. 181.

afirmar que negar o Purgatório é falar contra a Justiça divina e cometer um erro contra a fé[3]. Esta verdade de fé fundamenta-se no ensinamento explícito da Escritura acerca do Juízo e da exigência de uma perfeita pureza para entrar no Céu. Se o termo Purgatório não se encontra na Escritura, a realidade que designa encontra-se nela incontestavelmente: Judas Macabeu não teria oferecido no Templo de Jerusalém sacrifícios expiatórios pelos soldados do seu exército caídos em combate, se não tivesse acreditado na possibilidade de os defuntos se purificarem das consequências das suas faltas (cfr. 2 Mac 12, 38-45.).

"Os textos oficiais de três Concílios que abordaram o tema do Purgatório não conhecem a ideia de «fogo purificador». Evitam o termo «fogo» e falam simplesmente de *poenae purgatoriae seu catharteriae* (*castigos purificadores*, *Enchiridion*

---

(3) São Tomás de Aquino, *S.T.*, IIIa, 70 bis, art 6.

856; cfr. 1304) ou também de *purgatorium* (DH 1580 e 1820; traduzido normalmente como «lugar de purificação», embora o termo «lugar» falte no texto latino, mas está implicado na expressão *in purgatorio*) (Joseph Ratzinger, *Escatología*, ed esp. Herder, 2007, p. 236).

Na pág. 246 da mesma obra, o autor sustenta a tese de que "a purificação não se realiza através de uma coisa, qualquer que seja, mas graças à força transformadora do Senhor [...]. O próprio Senhor é o fogo julgador que transforma o homem tornando-o «conforme» ao seu Corpo glorificado" (Rom 8, 29; Fil 3, 21).

COMISSÃO TEOLÓGICA INTERNACIONAL SOBRE ALGUMAS QUESTÕES ATUAIS DE ESCATOLOGIA (1990)

Texto do documento aprovado «in forma specifica» pela Comissão Teológica Internacional

[...]

8. Purificação da alma para o encontro com Cristo glorioso

8.1. Quando o magistério da Igreja afirma que as almas dos santos gozam imediatamente depois da morte da visão beatífica de Deus e da comunhão perfeita com Cristo, pressupõe sempre que se trata das almas que se encontram purificadas [92]. Por isso, ainda que as palavras do Salmo 15, 1-2 se refiram ao santuário terreno, têm também muito sentido para a vida pós-mortal: «Ó Yavé, quem morará na tua tenda?, quem habitará no teu santo monte? Nada de manchado pode entrar na presença do Senhor».

Com estas palavras, exprime-se a consciência de uma realidade tão fundamental que, em muitíssimas grandes religiões históricas, de um modo ou de outro, se tem um certo vislumbre da necessidade de uma purificação após a morte.

Também a Igreja confessa que qualquer mancha é impedimento para o encontro íntimo com Deus e com Cristo. Este princípio deve ser entendido não só a propósito das manchas que quebram e destroem a amizade com Deus, e que, portanto, se permanecem no momento da morte, impossibilitam definitivamente o encontro com Deus (pecados mortais), mas também a propósito das que obscurecem essa amizade e têm de ser previamente purificadas para que esse encontro seja possível. A elas pertencem os chamados «pecados cotidianos» ou veniais [94] e as relíquias dos pecados, as quais podem também permanecer no homem justificado depois da remissão da culpa, embora excluam a pena eterna [95]. O sacramento da Unção dos Enfermos tem por fim expiar as relíquias dos pecados antes da morte [96]. Só se nos fazemos conformes com Cristo, podemos alcançar a comunhão com Deus (cfr. Rom 8, 29).

É por isso que somos convidados à purificação. Mesmo aquele que se lavou deve livrar-se do pó dos seus pés (cfr. Jo 13, 10). Para os que não o tenham feito suficientemente mediante a penitência na terra, a Igreja crê que existe um estado pós-mortal de purificação [97], ou seja, una «purificação prévia à visão de Deus» [98]. Como esta purificação tem lugar depois da morte e antes da ressurreição final, este estado pertence ao estágio escatológico intermédio; mais ainda, a existência deste estado mostra a existência de uma escatologia intermédia.

A fé da Igreja sobre este estado já se exprimia implicitamente nas orações pelos defuntos, das quais existem muitíssimos testemunhos muito antigos nas catacumbas [99], baseados, em último termo, no testemunho de 2 Mac 12, 46 [100]. Nessas orações, pressupõe-se que os defuntos podem ser ajudados a obter a sua purificação pelas orações dos fiéis. A teologia sobre esse estado começou a desenvolver-se no século III a propósito dos que tinham recebido a paz com a Igreja sem terem levado a cabo a penitência completa antes de morrer [101].

É absolutamente necessário conservar a prática de orar pelos defuntos. Nela se contém uma profissão de fé na existência do estado de purificação após a morte. Este é o sentido da liturgia exequial, que não deve obscurecer-se: o homem justificado pode necessitar de uma ulterior purificação. Com uma expressão muito bela, a liturgia bizantina apresenta a própria alma do defunto que clama ao Senhor: «Continuo a ser imagem da tua Glória inefável, ainda que vulnerado pelo pecado» [102].

8.2. A Igreja crê que existe um estado de condenação definitiva para os que morrem carregados de algum pecado grave [103]. Deve-se evitar completamente entender o estado de purificação para o encontro com Deus de modo demasiado semelhante ao do estado de condenação, como se a diferença entre os dois consistisse apenas em que um seria eterno e o outro temporário; a purificação após a morte é «de todo diversa do castigo dos condenados» [104]. Realmente, não se pode equiparar um estado cujo centro é o amor a outro cujo centro é o ódio. O justificado vive no amor de Cristo. O seu amor torna-se mais consciente pela morte. O amor que vê retardado o momento de possuir a pessoa amada padece dor e pela dor purifica-se [105]. São João da Cruz explica que o Espírito Santo, como «chama viva de amor», purifica a alma para que chegue ao amor perfeito de Deus, tanto aqui na terra como depois da morte se for preciso; neste sentido, estabelece um certo paralelismo entre a purificação que se dá nas chamadas «noites escuras» e a purificação passiva do

Purgatório [106]. Na história deste dogma, uma falta de cuidado em mostrar a profunda diferença entre o estado de purificação e o estado de condenação criou graves dificuldades na condução do diálogo com os cristãos orientais [107].

[92] Bento XII, Const. *Benedictus Deus*.

[93] Orígenes, *In Exodum homilia*, 9, 2, pensa que este lugar se trata do tabernáculo celeste. Santo Agostinho duvida (*Enarratio in Psalmum*, 14, 1)

[94] Para a distinção dos pecados, cfr. Comissão Teológica Internacional, *A reconciliação e a penitência*, C, III.

[95] Concílio de Trento, ses. 6.ª, *Decreto sobre a justificação*, cânon 30.

[96] Concilio de Trento, ses. 14.ª, *Doutrina sobre o sacramento da Extrema-Unção* c.2.

[97] Concílio de Trento, ses. 6.ª, *Decreto sobre a justificação*, cânon 30. Cfr. também Concílio de Florença, *Decreto para os gregos*.

[98] Congregação para a Doutrina da Fé, Carta *Recentiores episcoporum Synodi*, 7.

[99] Cfr. também Tertuliano, *De corona*, 3, 3.

[100] Cfr. Concílio Vaticano II, Const. dogmática *Lumen gentium*, 50.

[101] Cfr. São Cipriano, *Epistula* 55, 20, 3.

[102] *Euloghitaria* das exéquias antes do Evangelho.

[103] Cfr. Concílio Vaticano II, Const. dogmática *Lumen gentium*, 48.

[104] Congregação para a Doutrina da Fé, Carta *Recentiores episcoporum Synodi*, 7.

[105] Cfr. Santa Catarina de Gênova, *Trattato del purgatorio* (Gênova, 1551).

[106] Cfr. *Chama viva de amor* 1, 24; *Noite escura* 2, 6, 6 e 2, 20, 5.

[107] Os latinos que falavam do *fogo* do purgatório eram entendidos pelos orientais como se mantivessem o sistema origenista que explica as penas como meramente e sempre medicinais. Por isso, no Concílio de Florença, a doutrina da purificação *post mortem* foi exposta com muita sobriedade. No século XVI, os reformadores viram outras dificuldades na ideia da purificação depois da morte, em conexão com a doutrina da justificação extrínseca pela *sola fides*. É significativo que o Concílio de Trento tenha falado dogmaticamente desta purificação *post mortem* na sessão 6.ª, no *Decreto sobre a justificação* (cânon 30); pois o decreto sobre o Purgatório na sessão 25.ª é disciplinar e faz referencia explícita ao outro documento.

BIBLIOGRAFIA

I. Documentos do Magistério da Igreja

Décimo Concílio de Lyon, 4ª sessão (6 de julho de 1274). *Profissão de Fé de Miguel Paleólogo*.

Concílio de Florença, *Decreto para os Gregos* (6 de julho de 1439).

Leão X, Bula *Exsurge Domine*, (15 de junho de 1520), condenando algumas proposições errôneas sobre o Purgatório.

Concilio de Trento:

— Decreto sobre a justificação, 6ª sessão (13 de janeiro de 1547).

— Doutrina sobre o Santo Sacrifício da Missa, 22ª sessão (17 de setembro de 1562).

— Decreto sobre o Purgatório, 25ª sessão (3-4 de dezembro de 1563).

Paulo VI, *Profissão de fé*, 30 de junho de 1968.

Sagrada Congregação para a Doutrina da Fé, *Carta sobre algumas questões respeitantes à escatologia*, 17 de maio de 1979.

Catecismo da Igreja Católica, edição típica latina, 1997.

II. Escritos de santos

Santo Agostinho, *De cura gerenda pro mortuis* (431).

São Tomás de Aquino, *Suma Teológica*, Suplemento, questões 69-74 (1274).

Santa Catarina de Gênova, *Tratado do Purgatório* (1510).

São João da Cruz, *Obras espirituais* (1591).

Santa Verônica Giuliani, *Diário* (publicado postumamente em 1895).

III. Outras obras

R. Garrigou-Lagrange, O.P., *O homem e a eternidade*, Editorial Aster, Lisboa, 1959.

Charles Journet, "Le Purgatoire", *Études religieuses*, n. 301-302.

J. Joubert; L. Cristiani, *Les plus belles textes sur l'au-delà*, Ed. La Colombe, 1950.

R. Laurentin, "Fonction et statut des apparitions", *Vrais et fausses apparitions dans l'Église*, Lethielleux, 1976, págs. 153-205.

C. Pozo, *La venida del Señor en gloria. Escatología*, Edicep, Valência, 1993.

Edouard Clerc, *O que há para além da morte?*, Quadrante, São Paulo, 1993.

CONGREGAÇÃO PARA A DOUTRINA DA FÉ

Normas para proceder no discernimento de presumíveis aparições e revelações (14 de dezembro de 2011)

[...]

O valor das revelações privadas é essencialmente diverso do da única revelação pública: esta exige a nossa fé; com efeito, por meio de palavras humanas e da mediação da comunidade viva da Igreja, quem fala nela, é o próprio Deus. O critério da verdade de uma revelação privada é a sua orientação para o próprio Cristo. Quando essa revelação nos afasta dEle, certamente não vem do Espírito Santo, que nos guia no âmbito do Evangelho e não fora dele. A revelação privada é uma ajuda para a fé, e manifesta-se como credível precisamente porque orienta para a única revelação pública. Por isso, a aprovação eclesiástica de uma revelação privada indica essencialmente que a respectiva mensagem não contém nada que contradiga a fé e os bons costumes; é lícito torná-la pública, e os fiéis são autorizados a prestar-lhe de forma prudente a sua adesão. Uma revelação privada pode introduzir novas acentuações, fazer surgir novas formas de piedade ou aprofundar antigas. Pode revestir-se de um certo caráter profético (cfr. 1 Tes 5, 19-21) e ser uma válida ajuda para compreender e viver melhor o Evangelho na hora atual; por isso, não deve ser descuidada. É uma ajuda, que é oferecida, mas da qual não é obrigatório fazer uso. Contudo, deve tratar-se de um alimento para a fé, a esperança e a caridade, que são o caminho permanente da salvação para todos (cfr. Congregação para a Doutrina da Fé, *A mensagem de*

Fátima, 26 de junho de 2000: *Ench. Vat.* 19, nn. 974-1.021).

Comissão teológica internacional a esperança da salvação para as crianças que morrem sem Batismo

Nota preliminar

É conhecido que o ensinamento tradicional recorria à teoria do limbo, entendido como estado no qual as almas das crianças que morrem sem Batismo não mereciam o prêmio da visão beatífica, por causa do pecado original, mas não sofriam nenhuma punição, dado que não tinham cometido pecados pessoais. Essa teoria, elaborada por teólogos a partir da Idade Média, nunca entrou nas definições dogmáticas do Magistério, mesmo que o próprio Magistério a mencionasse no seu ensinamento até o Concílio Vaticano II. Esta permanece, portanto, uma hipótese teológica possível. Contudo, o *Catecismo da Igreja Católica* (1992) não menciona a teoria do limbo e, ao contrário, ensina que, quanto às crianças mortas sem o Batismo, a Igreja só pode confiá-las à misericórdia de Deus, como faz exatamente no rito específico dos funerais para elas. O princípio de que Deus quer a salvação de todos os seres humanos permite esperar que exista uma via de salvação para as crianças mortas sem Batismo (cfr. *Catecismo*, 1261). Tal afirmação convida a reflexão teológica a encontrar uma conexão teológica e coerente entre os diversos enunciados da fé católica: a vontade salvífica universal de Deus, a unicidade da mediação de Cristo, a necessidade do Batismo para a salvação, a ação universal da graça em relação aos sacramentos, a relação entre pecado original e privação da visão beatífica e a criação do ser humano "em Cristo" [...].

Em síntese: a afirmação segundo a qual as crianças que morrem sem Batismo sofrem a privação da visão beatífica foi, durante muito tempo, doutrina comum da Igreja, o que é algo distinto da fé da Igreja. Quanto à teoria da privação da visão beatífica como a única pena dessas crianças, com exclusão de qualquer outro sofrimento, trata-se de uma opinião teológica, não obstante a sua ampla difusão no Ocidente. A particular tese teológica concernente a uma "felicidade natural" atribuída, por vezes, a essas crianças constitui, igualmente, una opinião teológica.

Por conseguinte, além da teoria do limbo (que permanece uma opinião teológica possível), pode haver outros caminhos que integram e salvaguardam os princípios de fé fundados na Escritura: a criação do ser humano em Cristo e a sua vocação para a comunhão com Deus; a vontade salvífica universal de Deus; a transmissão e as consequências do pecado original; a necessidade da graça para entrar no Reino de Deus e alcançar a visão de Deus; a unicidade e a universalidade da mediação salvífica de Jesus Cristo; e a necessidade do Batismo para a salvação. Não se chega a esses outros caminhos modificando os princípios de fé ou elaborando teorias hipotéticas.

Direção geral
Renata Ferlin Sugai

Direção editorial
Hugo Langone

Produção editorial
Juliana Amato
Gabriela Haeitmann
Ronaldo Vasconcelos

Capa
Provazi Design

Diagramação
Sérgio Ramalho

ESTE LIVRO ACABOU DE SE IMPRIMIR
A 2 DE NOVEMBRO DE 2023,
EM PAPEL OFFSET 75 g/m².